KB264227

당신의 몸값을 올려라

당신의 몸값을 올려라

오정우 지음

창현출판사

당신의 몸값을 올려라

지은이/ 오정우
발행인/ 우문식
발행처/ 창현출판사
1판 1쇄 인쇄 1997년 1월 20일
1판 1쇄 발행 1997년 1월 25일

등록번호/ 제 1072-25호 등록일자/ 1994년 11월 11일

경기도 안양시 동안구 호계1동 995-18
TEL/ (0343) 53-3211, FAX/ (0343) 58-0097

ISBN89-8110-042-X

값 7,000원

지금 이 시대의 KEY WORD를 이야기 하라고 한다면, 나는 주저없이 '변화와 파괴' 라고 말하고 싶다. 세상이 너무 빨리 변해 '변화 불감증' 에 걸릴 정도이다. 변화의 흐름과 속도의 빠름에서 두려움조차 느끼게 된다. 어제 신식이었던 것이 오늘 구식이 되고, 오늘의 진리가 내일 무너지는 '변화와 파괴' 의 홍수속에서 우리들은 살아가고 있다.

고객제일주의를 내세우며 등장한 '가격파괴' 를 시발로 인사파괴, 임금파괴, 형식파괴 등 우리를 둘러싼 모든 부문에서 빠른 속도로 변화와 파괴의 열풍이 몰아치고 있다.

듣기에도 무시무시한 파괴의 물결이 우리 코앞에 바짝 다가와 있다. 파괴의 열풍을 피할 공간도 시간도 없다. 이제 더 이상 파괴의 열풍에 안전지대는 없다.

우리가 생존하기 위해서는 과감하게 변화해야만 한다. 변화의 시대에 제자리에 머물러 있다는 것은 곧 죽음을 의미한다. 이것이 이 시대를 살아가는 우리들에게 주어진 운명이다.

현재 우리의 모습은 어떠한가? 모두들 변해야 한다는 사실에 대해서는 동의하고 전폭적인 지지의 박수를 보내지만, 행동과 실천에는 인색한 것이 우리들의 자화상이 아닐까?

너나 할 것 없이 거의 모든 기업들이 거창한 캐치프레이즈와 캠페인을 대대적으로 추진하고 있지만, 항상 기대치에 밑돌고 있는 것이 우리들의 현 좌표가 아닐까?

변화의 필연성과 중요성을 알고 있으면서도, 왜 좀처럼 변화하지 않는가?

제도가 문제인가, 의식이 문제인가? 도대체 무엇이 문제인가?

이 책은 이러한 물음한 대한 의문을 시작으로, 진정 변신과 변화를 추구하기 위해 넘어야 할 높은 벽과 산의 실체는 무엇이며, 어떻게 극복해야 하는지를 기업에 몸담고 있는 기업인의 입장과 경험에서 서술하고 있다.

「당신의 몸값을 올려라」라는 책 제목에서 알수 있듯이 이 책은 새로운 나를 창조하기 위하여, 우리들의 존재가치(몸값)를 올리기 위해 요구되는 가장 기본적이고, 지금 당장 실천 해야하는 실천적 사항들을 시종일관 시사해 주고 있다.

남의 이야기가 아니라, 우리들이 일상생활을 통해 직면하고 있는 우리들 자신에 관한 내용들로 구성되어 있다.

이 책 전체의 기본골격과 개념을 대표하는 두 단어가 바로 '혁신과 실천' 이다.

1장에서는 기업에 대해 잘못알고 있는 몇 가지 사실을 여러가지 사례를 통해 심층적으로 분석·해부하여, 왜 자기혁신인가를 제시하고 있다. 2~4장은 '자기혁신' 에서 승리자가 되기 위해, 우리들 자신들에게 무엇을, 어떻게 투자해야만 하는지를 중국고전, 동물의 세계, 우화 등 다양한 방법과 구성을 통해 전개하고 있다.

제 5장은 자기혁신(자기와의 전쟁)에서 고군분투하고 있는 구성원들에게 리더가 줄 수 있는 최대의 지원과 최고의 보약이 무엇인지를 다각적으로 검토·해부하고 있다.

우리들 자신이 주체가 되지 않는 변화와 혁신은 성공할 수 없으며, 설사 성공하더라도 그것은 짧은 허상에 지나지 않을 뿐이다.

참다운 변신은 우리들 스스로가 자율적이고 주체적인 '변신자'가 되어야만 한다. 멀리 보이는 희미한 것을 추구할 것이 아니라 사소한 일, 기본적인 일을 묵묵히 실천해야만 한다. 이것이 변신을 위한 첫걸음이다.

이 책은 '혁신의 주체자'가 되기 위해 갖추어야 할 실천요건들을 구체적이고 설득력 있게 개진하고 있다.

기업이라는 '혁신'의 배에 몸담고 있는 비즈니스맨을 대상으로 서술한 이 책을 씀에 있어 나는 두 가지 점에 각별히 유의했다.

한 가지는 기업인의 심정과 입장에서 써 나갔다는 점이다. 기업이라는 세계에 몸담고 있는 비즈니스맨들이 자기혁신을 위해 무엇을 어떻게 해야만 하는지를 쉽게 이해할 수 있도록 이론보다는 기업일선 현장에서 체험한 생생한 '경험'을 중심으로 써 내려갔다. 그러기에 어려운 경영기법, 경영단어는 이 책에서 결단코 찾을 수 없다.

또 한 가지는 가장 사소하지만 간과되고 있는 실천 내용중심으로 서술했다는 점이다. 따라서 피부에 와닿지 않는 거창한 내용은 찾을래야 찾을 수가 없을 것이다.

인류역사에 커다란 발자취를 남긴 수많은 사람들이 추구하고 걸었던 길은 각각 다르지만 그들의 공통점은 길고도 힘들고 어려운 전쟁 바로 '자기와의 전쟁'에서 패배하지 않고 승리했다는 점이다.

이 한 권의 책이 새로운 지평선을 열고자 노력하는 수많은 사람들에게 도움이 되기를 바라는 마음 간절하다. 특히 기업이라는 새로운 세계에 첫발을 내딛는 신입사원들에게 조그만한 생활의 길잡이가 되었으면 한다.

이 책을 쓰면서 가장 무서운 적은 바로 '나자신'이었다. 중간에 포기하고 싶은 마음이 하루에도 몇 번씩 엄습해 왔다. 머리속에 맴도는 내용들을 막상 글로 표현하려고 하니 어려운 점이 한두 가지가 아니었다.

이 세상에 가장 어렵고도 어려운 일이 바로 자신을 이기고, 자신에게 충실한점 이라는 사실을 새삼 느낄 수 있었다.

자신에게 충실한 사람 만큼 아름다운 사람은 없을 것이다. 항상 깨어있는 사람, 꿈이 있는 사람, 늘 자신을 되돌아보는 사람만이 자신의 몸값을 올릴 수 있다.

'꿈이 있고, 깨어있는 사람'이란, 더불어 생활하는 데 필요한 가치관을 정립하고 부단한 자기창조를 통해 미래에 대해 끊임없이 도전하는 사람들이다. 이 책의 키워드가 바로 '변신과 실천을 통한 자기창조'이다.

국문학 전공자도 아니고, 문학에 소질이 없는 나로서는 이 한 권의 책이 독자들에게 얼마나 어필할 수 있을지 궁금하기도 하고, 또 한편 걱정도 된다.

이 책이 발간되기까지에는, 나 자신부터 달라져야만 한다는 불타는 의욕과 목표를 정립케 해주고, 언제 어디서나 누구에게나 배우는 생활자세를 심어준 정장호 CU장님의 인재경영에 대한 심오한 경영철학과, '작은것 부터 나부터의 변화'를 강조하시는 송재인 사장님과 이를 몸과 마음으로 실천하시는 이경 이사님의 남다른 관심과 격려가 있었음을 밝힌다.

아울러 아이디어를 제공해주고 방향감각을 잡아준 김종훈 관리공장장님, 이병훈·최돈호·송영구 부장님의 지원과 격려에도 감사의 마음을 전하고 싶다.

나는 복받은 행운아임에 틀림이 없다. 포기하고 싶을 때, 주저앉고 싶을 때 구원과 격려의 손길로 새로운 힘과 용기를 준 많은 분들이 주위에 있었기 때문에 이 한 권의 책이 세상에 나올 수 있었다. 이 자리를 빌려 그동안 음으로 양으로 도와주신 모든 분들에게 진심으로 깊은 감사의 마음을 전하고 싶다.

독자 여러분의 많은 질책과 충고를 기다리며, 나 자신 또한 새로운 모습으로 태어나기 위해 더 한층 노력할 것을 스스로 다짐하는 바이다. 애정과 사랑으로 오직 자식만을 위해 평생을 헌신하신 존경하는 나의 부모님께 이 책을 바친다.

1996. 12.
오정우

차 례

제 4장 자신을 지배하는 자가 세계를 지배한다 • 171

제1장
잘못알고 있는 몇 가지 사실

1. 경쟁력의 본질

맘모스의 비극과 기업도산의 비밀

지금으로부터 1만년 전, 빙하기가 끝날 즈음 빙하시대의 왕자 맘모스는 이 지구상에서 완전히 자취를 감추었다. 땅에서 등까지의 높이가 약 4m, 몸무게가 약 6t 이라고 하는 거대한 맘모스는 두꺼운 털가죽과 웅대한 송곳니를 가지고 툰드라 지대의 냉혹한 추위에도 아랑곳없이 번영을 계속하고 있었지만 어느 시기에 갑자기 이 지구상에서 완전히 멸종하는 비극을 맞이했다. 번영을 누리던 맘모스가 왜 멸망해 버리고 말았을까? 이러한 의문은 극히 흥미로운 일이다. 멸망의 원인으로는 여러 가지 설이 있지만 확실하게 밝혀진 것은 없다. 그러나 지금까지 거론되고 있는 학설을 종합해 보면 그 하나하나가 이상하게도 기업이 도산하는 현상과 매우 흡사함에 놀라게 된다.

맘모스의 멸망 속에 기업 도산의 원인이 숨어 있는 것이다. 그러므로 기업을 도산의 위기에 빠지지 않게 하기 위해서도 왜 맘모스가 멸망했는지를 검토해 볼 필요성이 있다. 맘모스의 멸망원인 몇 가지를 종합해 보면 첫째, 맘모스는 송곳니가 너무 길어 과적응이 되어 버렸다. 둘째, 성장발육이 나쁘고 새끼를 한 번에 한마리밖에 낳지 못한다. 셋째, 조금씩 계속 먹어야 한다. 넷째, 몸이 너무 커서 민첩하게 도망하지 못하고 나무와 바위 뒤에 숨을 수가 없었다. 다섯째, 냉혹한 추위라는 환경변화를 이겨내지 못했다. 여섯째, 지혜로운 동물인 인간과의 싸움과 경쟁에서 패배했다. 일곱째, 그외에도 맘모스는 신경이 둔하여 말초신경에서 감지된 정보를 판단할 수 있는 중추신경까지 전달하는 데 너무 오래 걸리고, 눈이 작고 머리는 크고 짧으며, 몸의 크기에 비해 심장이 작고 약했기 때문에 피의 흐름이 나쁘고 동작이 둔했다는 것으로 요약된다. 이러한 맘모스의 멸망원인을 기업도산과 비교해 보면, 맘모스의 무겁고 큰 송곳니가 부담이 되었다는 것은 '기존 설비와 상품제조시설의 비효율적 사용'을 생각해 볼 수 있고, 출산 및 성장의 나쁨은 '신제품 개발력의 취약,' '인재난' '낮은 생산성' 추위라는 자연환경에의 부적응은 '경영환경변화의 부적응', 그리고 인류와의 싸움에서 패한 점은 지혜의 부족으로 '소프트웨어 경쟁력의 패배' 등을 생각해 볼 수 있다.

그외에 첫째, 정보수집ㆍ활용의 약함 둘째, 시야가 좁고 선견력이 없음 셋째, 자금회전이 나쁘기 때문에 경기변동에 적응하지 못했고 넷째, 경영밸런스의 나쁨등을 대비하여 생각해 볼 수 있다. 이와 같이 맘모스 멸망의 원인을 보면, 오늘날의 도산기업

현상과 너무나 유사하여 섬뜩해진다. 그러면 기업은 왜 도산하는가? 그 해답이 맘모스의 비극 속에 숨어 있는 것이다. 경영환경이 급격하게 변화하고 있는 냉혹한 환경 속에서 변화를 의식하지 않고 변화를 먼저 받아들이는 감각없이 '양적확대' 만 계속하여 경영체질강화 노력을 태만히 한다면 이 맘모스와 똑같은 운명을 맞이할 수밖에 없게 된다.

경쟁력의 본질 1: 환경적응 능력, 환경창조 능력

• 살아있는 모든 생명체는 환경의 지배를 받는다. 환경변화에 대한 적응, 이것이 살아 숨쉬는 유기체에게 주어진 운명이다. 환경적응을 거부하는 것은 삶에 대한 도전을 멈추는 것과 같다.

사라져 버린 맘모스는 환경변화에 적응하거나 선도할 '내면의 힘(경쟁력)' 축적없이는 사랑받는 기업, 영속적인 기업이 될 수 없다는 엄숙한 교훈을 던져주고 있다. 잠시라도 아니, 한 순간이라도 '내면의 힘(경쟁력)' 축적을 소홀히 한다면 맘모스의 비극을 맞이할 수밖에 없다.

가우스 경쟁배제의 법칙

1930년대 생물학자이자 수학자인 '가우스' 라는 학자가 재미있는 실험을 한 적이 있다. 그 주요내용은 같은 종(種) 두 마리와 다른 종 동물 두 마리에게 일정기간 제약을 가했을 때 어떠한 결과가 나타나는가 하는 점이었다.

일정기간 동안 한 마리만 먹을 수 있는 물과 음식을 제공하는 제약을 가하게 되면, 〈실험 1〉〈실험2〉에서 어떠한 결과가 도출되겠는가?

<table>
<tr><td>〈실험 1〉</td><td>〈실험 2〉</td></tr>
<tr><td>같은 종의 동물
(예: 고양이, 고양이)</td><td>다른 종의 동물
(예: 고양이, 개)</td></tr>
</table>

같은 종 두 마리가 생활하는 〈실험1〉에서는 한 마리의 고양이만 생존하게 되고, 종류가 다른 종 두 마리가 있는 〈실험2〉에서는 두 마리 다 공존공생하게 된다. 기업에 몸담고 있는 우리들이 이 생물학자의 실험결과에서 배워야 할 점은 무엇인가. 〈실험1〉에 있는 고양이를 A사라고 하고, 다른 한 마리의 고양이를 A사와 경쟁관계에 있는 B사라고 생각해 보자. 환경변화와 제약조건이 완만하게 변할 때는 A,B사가 나란히 생존할 수 있지만, 기업환경이 악화될 경우 강한 회사만이 살아남는다는 교훈을 얻을 수 있다. 이러한 원리는 기업에게만 적용되는 것이 아니라, 기업에 몸담고 있는 구성원에게도 예외없이 적용된다. 입사시기는 똑같지만 조직내에서 차지하는 위치와 존재가치는 그 사람의 능력에 의해 전적으로 그 명암이 달라질 수밖에 없다. 기업사규에 정년은 몇 살까지라고 명확하게 명문화되어 있지만 그것은 어디까지나 사규에 불과할 뿐이다. 정년은 별도로 정해져 있는

것이 아니라 그 사람의 능력이 소진될 때가 곧 정년이다. 정년의 시기를 결정하는 바로미터는 회사가 아니라, 바로 사람의 능력 즉 남과 확연하게 구분되는 차별적인 힘인 것이다.

경쟁사나 타인에 비해 압도적인 경쟁우위 요소, 경쟁사(타인) 에 비해 더 빨리 달리든지, 더 하늘 높이 날든지, 더 깊숙히 땅속 으로 숨을 수 있는 자기만의 무기를 가지고 있을 때 무한 경쟁시 대에서 승리자가 될 수 있는 것이다.

당신이 생각하는 당신의 경쟁우위 요소는 무엇인가? 여러분 에게 당부하고 싶은 것은 회사가 무엇을 해주기 전에 자신이 스 스로 자신의 가치를 향상시키라는 것이다. 개인의 역량(경쟁력) 이 합쳐져서 조직의 역량이 되고, 조직의 역량이 합쳐져서 회사 의 역량이 된다. 자신의 몸값(역량)을 높이기 위해서는 당신 자 신에게 끊임없는 의문을 던지고 진지한 대화를 해 나가야만 한 다. 자신을 끊임없이 되돌아 보는 것, 이것이 몸값을 올리기 위해 우리들이 해야 할 첫번째 일이다.

경쟁력의 본질 2 : 남과 확연히 구별되는 나만의 무기,

남과 뚜렷이 대별되는 차별점

토의1 : 우리 회사의 경쟁우위 요소는 무엇인가 ?

토의2 : 나의 경쟁우위 요소는 무엇인가 ?

토의3 : 조직내에서 나의 몸값은 얼마인가?

바퀴벌레와의 전쟁

사람들에게 사랑과 귀여움을 독차지하는 행운의 동물이 있는가 하면, 기피대상이 되는 동물도 있다. 3억5,000년 전 지구상에 출현한 '바퀴벌레'는 세상사람들이 싫어하는 대표적인 동물 중의 하나이다.

사람들에게 나쁜 병균을 옮기는 '바퀴벌레' 박멸을 위해 수많은 연구가가 퇴치방안을 연구해 왔고, 지금도 연구중이다. 바퀴벌레가 박멸되기 전까지 이러한 연구는 계속될 것이다. 미국에서는 매년 수십억 달러를 투입하여 바퀴벌레 박멸운동을 전개하고 있다고 한다. 이 금액은 국내 재벌그룹의 1년 매출액을 상회하는 천문학적 액수이다. 이러한 엄청난 노력에도 불구하고 바퀴벌레는 좀처럼 줄어들지 않고 있으며, 오히려 증가일로 추세에 있다고 한다.

수많은 현대의 최첨단 장비와 엄청난 투자에도 아랑곳하지 않고 계속 번창하고 있는 '바퀴벌레'의 생존·번영 비밀은 어디에 있는 것일까? 우선 신체적인 면을 보면, 바퀴벌레는 1달간 아무것도 먹지 않아도 생존할 수 있는 강한 체질을 가지고 있다. 그리고 환경변화와 위험을 사전에 간파할 수 있는 '촉수'가 있어, 위험 직면시 빠른 판단력과 초당 28m, 시속 100Km라는 엄청난 민첩성으로 위험에서 벗어나 버린다.

환경적응면을 보면, 강인한 내구성을 가지고 있어 새로운 퇴치약에 금방 적응해 버린다. 바퀴벌레는 태어난 지 2달만에 짝짓기를 하고, 한 번 짝짓기에 새끼 7마리가 부화한다. 부화한 새끼의 생존율은 80% 이상이나 된다. 이런 강인한 번식력 덕분에 바퀴벌레 10마리는 6개월 만에 100만 마리로 급격하게 불어난다.

최첨단 장비와 약품에 아랑곳하지 않고 계속 증가하는 이 조그만한 '바퀴벌레'를 통해 우리는 무엇을 배워야 할까. 환경변화를 재빨리 인식·포착하여 분석·적응할수 있는 '촉수(시대변화 고객니즈 파악 등)'와 강인한 번식력(제품개발력, 영업력), 뛰어난 내구성(경쟁력)을 지닌 기업과 사람만이 무한 경쟁시대를 슬기롭게 헤쳐나갈 수 있다는 평범한 진리를 이 조그만한 '바퀴벌레'는 우리들에게 시사해 주고 있다.

2.경쟁력의 근원

당신의 경쟁상대는 어느 나라 누구입니까

공보처에서 제작한 캠페인 중에 "당신의 경쟁상대는 어느 나라 누구입니까"라는 것이 있다. 참신하고 내용도 상당히 설득력 있는 이 캠페인에는 서로 다른 직업을 가진 5명이 등장한다.

첫번째 등장하는 사람은 밀짚모자를 쓰고 들판에서 열심히 일하는 '농부'이다.

이 농부는 "당신의 경쟁상대는 어느 나라 누구입니까"라는 질문에, 웃으면서 "예, 저의 경쟁상대는 덴마크 농부입니다. 왜냐하면 좁은 국토에서 많은 생산을 하지 않습니까?"라고 이야기한다.

두번째 등장인물인 경찰은 자기의 경쟁상대를 '친절한 영국경찰'로 정했다고 대답하고, 세번째, 네번째 등장인물도 각각 자기의 경쟁상대와 그 이유를 설명한다. 마지막 등장인물로 '주부' 가 등장한다. 주부는 설거지를 끝마치는 동작을 취하면서 다음과 같이 이야기한다. "예, 저는 경쟁상대를 독일주부로 정했습니다. 알뜰하잖아요." 이것이 이 캠페인의 주된 내용이다. 이 캠페인의 내용이 잘못되었다는 것을 지적하고자 하는 것이 아니라, 이 캠페인이 궁극적으로 전달하고자 하는 메시지를 이야기하고자 하는 것이다. 우리가 넘어야 할 높은 벽과 산은 '덴마크 농부, 영국 경찰, 독일주부가' 아니라 바로 우리들 자신임을 이 캠페인은 이야기하고 있는 것이다.

우리들을 가로막는 적은 외부에 있는 것이 아니라, 바로 우리들 자신의 마음 속에 있는 것이다. 옛말에 "산속의 도적을 무찌르기는 쉬워도 마음 속의 산적을 무찌르기는 어렵다"는 것이 있다. 우리들은 주어진 운명과 싸우는 것이 아니라, 우리 자신들과 싸우고 있다. 당신의 경쟁력을 강화하기 위해서는 먼저 당신 자신과의 싸움에서 이겨야만 한다. 경쟁력의 시작, 경쟁력의 근원 그것은 바로 '자신과의 싸움' 부터 시작되는 것임을 잊어서는 안 된다. 지금부터의 싸움은 바로 당신 자신과의 싸움이다.

당신의 몸값을 올려라

우리는 나이를 기준으로 정년(停年)을 정하고 있다. 그러나 이런 정년의 개념은 경영혁신의 파고에 밀려 더 이상 설 자리가 없다. 거센 변화의 물결은 정년의 패러다임을 '나이' 에서 '능력'으로 한순간에 바꾸어 버렸다. 정년, 그것은 특별히 정해진 것이 아니라, 능력이 소진될 때가 곧 정년이다.

그 능력에 따라, 몸값(봉급, 승진등)이 바뀌고 있다. 동료에 비해 몇 배나 봉급을 많이 타는 사람이 생겨나고, 어제의 부하가 먼저 윗자리에 오르기도 한다.

매스컴에 명예 퇴직제와 정리 해고제에 관련한 내용들이 연일 보도 되고 있다. 남의 일로만 알았던 생존경쟁이 나의 일로 바짝 다가오고 있다. 어떻게 해야만 하는가? 전전긍긍할 수밖에 없다.

우선은 문제가 무엇인지를 파악해야만 한다. 가치기준이 변한 것이 문제의 핵심이다. 연공서열에서 능력으로의 가치기준 변화가 세상을 뒤흔들고 있는 것이다. 생산성을 중요하게 여기는 공업사회에서 특별한 창조의 능력을 중요하게 평가하는 정보사회로 바뀌고 있다. 정보사회, 그것의 키워드는 창조와 개성이다. 정보사회가 필요로 하는 사람이 되기 위해서는, 창의력과 개성적인 감성을 길러야 하고, 다른 사람이 가지지 못한 자기만의 차별적인 능력을 깊고 폭넓게 쌓아가야 한다. 그러기 위해서는 먼저 자신을 냉정하게 돌아보아야만 한다. 변호사 같은 날카로운 분석의 눈과, 승부사의 냉정한 판단력을 자신에게로 돌려야만 한다. 나는 어디에 와 있는가, 나의 몸값은 얼마인가, 내일 회사에서 그만두라고 했을 경우 나는 무엇을 할 수 있는가 등에 대해서 냉정하게 질문을 던져보아야만 한다.

지금의 시대는 창의와 개선의 시대이다. 작업장만 왔다갔다 하는 사람, 어제의 모습과 오늘의 모습이 조금도 변함없는 사람,

도전보다는 현실에 만족하는 사람, 이런 사람들은 살아 숨쉬는 창의적인 사람이 아니라, 기계적인 사람들이다. 당신의 몸값 그것은 타고난 팔자나 운에 의해 결정되는 것이 아니라 , 바로 당신의 집념과 의지 그리고 피나는 노력에 의해 결정되는 것이다. 조건과 여건, 환경을 탓하기 앞서 자신의 노력과 의지의 부족을 부끄러워해야만 한다. 우리 주변의 많은 사람들은 국가경쟁력 기업경쟁력에 대해서는 많은 이야기들을 하지만, 정말 중요한 자신의 경쟁력에 대해서는 너무나 무관심한 편이다.

국가경쟁력, 기업경쟁력에 보내는 관심과 열정의 눈빛 10분의1만 보낸다면, 아니 100분의 1만 쏟아 부어도 우리들의 미래(몸값)는 확연하게 달라질 것이다.

당신은 당신 인생의 그림과 몸값을 결정짓는 유일한 주인공이다. 당신의 몸값, 그것은 전적으로 당신에게 달려 있는 것이다. '나'를 베팅하는 것은 다름아닌 바로 나 자신이다. 나의 경쟁력이 최고가 될 때, 최고의 전문가만이 앉을 수 있는 최고의 지정석에 오를 수 있다. "프로는 아름답다. 프로는 근성과 실력으로 말한다"라는 광고도 있지 않은가. 새로운 시대는 새로운 생각과 새로운 행동으로 대처하는 사람에게 항상 승리의 미소를 보내는 법이다.

- 나에게 한 사람의 적이 있다. 어떻게 해서라도 그 얼굴을 알아내려고 생각하고 있다. 나의 계획을 망가뜨리고, 나의 목표를 방해하고 진로를 가로막아 버린다. 숭고한 목표를 노려보며 노력하고 있으면, 그놈이 무서운 얼굴을 하고 '안될 것' 이라고 말한다.

- 어느날 밤, 나는 그 모습을 꽉 붙들고 그 껍데기를 벗겨버렸다. 나는 그것의 얼굴을 자세히 볼 수 있었다. 나를 붙잡는 나의 적의 실체는 무엇인가, 그것은 다름아닌 나 자신의 얼굴이었다.

- 미래변화를 선도하고, 부가가치를 창출하는 능력있는 비즈니스맨이 되기 위해 당신이 넘어야 할 험난한 벽은 주위 환경과 여건이 아니라, 당신의 길을 가로막는 바로 당신 자신인 것이다.

경쟁력은 행동(실천)에서

2할대의 야구선수와 3할대의 야구선수와의 차이는 10번 출장해서 두번 안타를 치느냐, 세 번 안타를 치느냐 하는 작은 차이가 있지만, 연봉(몸값)에서는 엄청난 격차가 있다.

프로의 정규세계, 그것은 곧 실력의 세계이다. 프로선수는 정규시즌의 활약(업적)에 따라 냉정하게 자신의 몸값(연봉)을 평가 받는다. 팀에의 공헌도는 어느 정도인가, 얼마나 필요로 하는 선수인가, 다른 선수와의 기량 차이는 어느 정도인가에 따라 자신의 존재가치가 결정나는 곳이 바로 프로의 세계이다.

과거의 명성 출신교 학력 등 외형적인 요소보다는 당신은 남보다 무엇을 더 잘할 수 있습니까, 당신의 무기(역량)는 무엇입니까, 당신의 업적은 무엇입니까 라는 질문이 더욱 더 의미를 지니는 세계가 바로 프로의 세계다. 이 점을 누구보다도 이들은 잘 알고 있기에, 동계 훈련시즌에 뼈를 깎는 강인한 훈련과 고통을 감내하는 것이다.

변화하는 기업 경영환경 속에서 경쟁우위를 확보하기 위해 수많은 기업들이 경영혁신을 추진하고 있다. 경영혁신은 이제까지 우리들이 당연하게 알고 있고, 오랫동안 받아들였던 평가기준을 허물어 버렸다. 평생직장, 연공서열을 미덕으로 알고 이를 기업경영의 기본으로 자랑하던 일본기업들조차 새로운 시각에서 조직구성원을 평가하고 있다. 어느 일본기업은, 외부 전문가에게 의뢰하여 직원들의 몸값을 평가하는 방식을 운영하고 있다. 사회적 지위와 학력 전공에 의해 몸값(존재가치)을 올리기 위해서는, 먼저 옛날 중국 여인들의 발을 묶어서 더 이상 크지 못하게 하는 전족처럼 스스로를 묶어서 자신의 능력을 한정시키는 어리석음에서 벗어나야만 한다. 나는 학력이 짧아서, 나는 소질이 없어서, 능력이 없어서, 용기가 없어서… 라는 자기합리와 자기변명에서 빨리 탈피하고 자기를 어떻게 관리하느냐에 따라 자신의 몸값이 결정된다. 현재의 몸값은 어제까지 노력한 땀과 노력의 소산물이고, 내일의 몸값은 오늘을 어떻게 살아가느냐에 따라 전적으로 결정된다.

조직에서 꼭 필요로 하는 사람, 없어서는 안될 소중한 사람이

되기 위해서는 생각하고, 도전하고, 행동하며 자신을 끊임없이
변화시켜 나가야만 한다. 이것이 우리들의 몸값을 올리기 위해
우리들이 해야만 할 일이다.

경쟁력의 본질 4·경쟁력은 땀방울에 비례한다.

- "자, 지금부터다! 이제는 달라져야지" 하루에도 수십 번 아니 수백번 다짐을 하지만 하루도 못가는 것이 우리들의 현 모습이 아닐까?

- 행동으로 이어지지 못하는 의지와 멋진 계획, 그것은 종이조각에 불과 할 따름이다. 불타는 의욕과 집념을 가지고 저 힘찬 미래를 향해 한 걸음 한 걸음 묵묵히 전진하는 행동파, 설천가가 되어야만 한다.

- 몸값을 올리기 위해서는 백 가지 논리보다 한 가지 행동(실천)이 절실히 필요하다. 달리면서 생각하라. 지금 당장 행동하라. 그렇지 않으면 당시의 자리는 점점 더 좁아질 것이다.

3.잘못된 경영 교과서

세계화물산주식회사에 입사한 신입사원 중, 창기 병선 동직 창렬이는 과제해결을 위해 늦은 시간까지 열띤 토론을 벌였다. 이들 분임조에게 주어진 과제는 '기업의 목표와 역할'을 정리하여 제출하는 것이었다. 쉽게 끝날 것 같았던 토의가 조원 상호간의 의견대립으로 좀처럼 결론이 나지 않았다. 이들이 주장하고 있는 의견을 정리해 보면 다음과 같다 〈의견1.2 참조〉.

■ 의 견

기업의 목표	이윤추구
근 거	· 기업은 '이윤추구'를 위해 수많은 사람들이 유기적으로 결합한 목적 지향체이다. · 기업이 이윤을 확보하지 못한다는 것은, 사람이 건강을 잃는 것과 다름이 없다.

	· 따라서 이윤은 영리를 목적으로 하는 기업이 추구하는 최대의 지상과제요 궁극적인 목적이다. · 적정이윤이 확보되어야만 기업은 정상적으로 경영활동을 수행할 수 있고, 사회적 책임도 수행할 수 있다.

■ 의견 2

기업의 목표	가치창조를 통한 경쟁력 강화 및 고객만족
근 거	· 이윤 추구가 목적이라면, 기업경영활동과 무관한, 예를 들면 부동산 투자등 재테크에 투자하는 것이 더욱 더 높은 이윤을 확보 할 수 있다. · 이윤이란 기업경영 활동에 필요한 일차적인 요건임에는 틀림이 없으나 기업이 추구해야할 궁극적인 목표는 아니다. 왜냐하면 이윤이란, 고객요구 충족시 얻어지는 결과물이기 때문이다. · 이윤이란 기업의 목표가 아니라, 기업의 목표인 고객 만족시 자연스럽게 돌아오는 결과물로 보아야만 한다. · 따라서 기업의 목표가 무엇이냐고 물어보면, 우리들은 가치창조를 통한 경쟁력 강화 및 고객만족이라고 대답해야 하며, 고객만족을 최상의 업무 바이블로 삼아야 한다.

여러분이 만약 이러한 토의주제를 받았다면 어떠한 의견을 제시하겠는가? 21C 기업이 추구해야 할 목표는 무엇이라고 생각하는가? 기업이 추구해야 할 목표가 무엇이며, 우리들은 무엇을 해야만 하는가에 대해 지금부터 같이 탐구해 보자.

이윤의 실체

"경영이란 무엇인가?" 라고 질문을 받는다면 대개의 사업가는 '영리'를 목적으로 하는 조직이라고 대답할 것이며 경영학자들도 거의 이와 같은 의견을 가지고 있는 것 같다. 그러나 이 대답은 잘못된 것이다. 이윤이란 사업의 타당성을 검증하는 하나의 기준을 제공하는 것에 불과하다. 사업의 목표로서 이익만을 강조하는 것은 간부들이 실수 한다든가 하는 어떤 순간에 사업의 존속을 위태롭게 하기도 한다. 이익만을 강조하면 간부들은 때로는 목전의 이익만을 생각하고 사업의 장래를 무시한다. 예를 들면 "현재 무리없이 팔리는 제품에만 주력해서 장래의 시장에 대한 배려를 게을리하여 신제품의 연구나 개발, 그밖에 앞을 내다보는 투자에 대해서 눈을 감아 버리기 쉽다. 특히 예상이익에 영향이 큰 고정자산의 투자를 환영하지 않는다. 그래서 설비는 위험할 정도로 노후해진다. 이익만을 강조하므로 가장 졸렬한 사업경영이 생긴다"라고 피터 드러커는 이윤의 개념을 정리하고 있다.

이윤이란 기업이 이 세상에서 영속하기 위해 가장 기초가 되는 필수요건임에는 틀림이 없으나 기업이 추구하는 궁극적인 목표는 아님을 알아야만 한다. 이윤의 참된 의미는 '고객의 요구에 100% 일치시 얻어지는 결과'이다. 이윤추구에 앞서 진정 기업이 추구해야 할 목표가 있다면 그것은 개선과 혁신을 통해 고객에게 새로운 가치를 부단하게 끊임없이 영속적으로 제공하는 일일 것이다. 우리 경쟁력을 좀먹는 이윤추구는 하루빨리 우리 뇌리에서 추방되어야만 한다. 이윤을 남기겠다고 노력하면 기업의 장래는 무너진다. 그러나 어떤 것을 개선하여 새로운 가치를 부단하게 창조하려고 노력하면 기업의 장래는 밝아진다. '기업이라는 자전거' 앞바퀴가 전진해야 할 대상과 목표는 이윤극대화가 아니라 개선과 혁신을 통해 고객에게 한걸음 더 다가 가는 길이다. 잘못된 목표, 그릇된 방향에 마침표를 찍어야만 한다. 이 길만이 추락하는 우리의 경쟁력을 높이고 영원한 기업, 세계 초우량기업으로 안내하는 시금석임을 우리는 잊지 말아야 한다.

"사막을 옥토로 바꾸지 못하면, 사막이 우리에게 죽음을 안겨 줄 것이다"라는 한 이스라엘 수상의 말처럼, 잘못된 목표 '이윤극대화'를 바꾸지 않으면 우리는 우리의 미래를 보장받을 수가 없다. 왜냐하면 세계 초우량 기업이 추구하는 본질은 이윤극대화가 아니라, 가치창조를 통한 고객만족에 있기 때문이다.

<표1: 이윤의 실체>

이윤(profit)이란 ?	
회계학적 관점	이윤 = 매출 - 비용
고객의 관점	고객요구 100% 일치시 얻어지는 결과물

최종 종착점

경쟁력이 유난히 강조되는 시대에 우리 모두는 살고 있다. 경쟁력의 확산은 절박한 위기의식의 발로인 동시에, 우리 경제가 기업이 그만큼 어려웠다는 방증이기도 하다. 첨예하게 대립하고 있는 미국과 일본의 자동차 전쟁을 통해 느꼈듯이 이제부터는 경쟁력의 우열을 가리는 살벌한 게임만이 우리를 기다리고 있을 뿐이다.

경쟁력은 곧 힘이다. 경쟁력 없는 국가와 기업은 힘을 쓸 수가 없다. 세계 곳곳에서 뜨겁게 벌어지고 있는 총칼없는 전쟁, 경제전쟁은 이같은 경쟁력의 의미를 실천적으로 보여주고 있다.

경쟁력은 거창한 구호나 말로써 달성되는 것이 아니다. 경쟁력은 우리의 생존권을 한 손에 쥐고 있는 고객 내면 깊숙히 파고들어가 참다운 만족감과 부가가치를 지속적으로 제공할 때 강화되는 것이다.

기업의 경쟁력은 문서나 액자속에 잠자고 있는 거창한 계획·구호로는 절대로 성취할 수 없다. 변화무쌍하게 변화하는 고객의 요구를 귀담아 듣고 그것을 제품에 반영하여 고객에게 한 걸음 더 바짝 다가갈 때만이 얻을 수 있는 노력과 인내의 소산물이다.

고객에 대한 책임완수

"우리의 제품과 서비스를 사용하는 모든 고객에 대해 전적인 책임을 진다"라는 존슨 앤 존슨사의 고객만족 경영은 수백 개에 달하는 동사의 사업부, 자회사, 지사 등에게 기업의 최대목적이 '고객에 대한 책임완수' 라는 사실을 일깨워 주고 있다.

존슨 앤 존슨사는 1982년 타이레놀 사건으로 인해 큰 시련에 봉착한 적이 있었다. 누군가가 타이레놀 캡슐에 극약을 주입하여 5명을 살해한 사건이 발생하였던 것이다 이 회사는 문제의 오염된 약품을 회수하기 위해 모든 조직력을 동원함과 동시에 제임스 버크(James Burke) 회장 자신은 매일 30분간 TV뉴스에 출연하여 소비자에게 이러한 사실을 인지시켰다.

전국에 걸친 판매망을 통해 두 개의 오염된 약품을 포함한 모든 타이레놀을 회수한 이 회사는, 이 사건이 '기업의 책임범위를 벗어난 문제로서 경찰이 다루어야 할 사항' 이라고 주장할 수도 있었으나 '고객에 대한 책임의 완수' 를 상기하면서 전적으로 기업의 책임으로 돌렸다. 이 회사의 이러한 책임감 있는 행동은 수백만에 달하는 고객에게 신뢰감을 심어주기에 충분했으며, 사건 직후 절반 수준으로 격감했던 타이레놀의 매출액이 3년 뒤인 85년에 이르러서는 예년 수준으로 회복되어 진통제 시장의 35%를 석권하기에 이르렀다. 만약 이 회사가 이와는 반대로 서독의 자동차 메이커인 아우디(Audi)사처럼 행동했다면 어떻게 되었을까? 존슨 앤 존슨사의 약품오염 사건 후, 아우디사는 자사 자동차의 갑작스런 출발로 인해 7명이 죽고 400명이 다치는 사건이 발생하여 기소를 당한 적이 있었다. 아우디사는 자체조사를 통해 이 사건이 브레이크 대신 엑셀레이터를 잘못 밟은 운전사의 실수로 발생한 것이라고 주장하였다.

기업의 입장에서는 기술적으로 결함이 없다는 것을 증명한 것으로 충분할지, 모르지만 고객의 입장에서는 그렇지 않다. 이 사건이 발생한 후 자동차의 판매대수가 85년 7만5,000대에서 87년에는 2만6,000대로 격감하였으며, 심지어 주차장에서도 아우디 자동차의 주차를 거부하는 사태까지도 발생하였다.

이 사건에서 아우디사는 존슨 앤 존슨사와는 달리 운전자의 실수만을 되풀이하여 주장했을 뿐, 고객을 위한 어떠한 조치를 하지 않음으로써 고객에게 책임을 회피하고 있다는 인상만을 심어 주었다. 고객에게 신뢰성 있는 비전을 제시해 주지 못한 아우디사가 미국시장에서 고전을 면치 못하고 있는 것은 당연한 일이라 하겠다.

제록스(XEROX)의 위기

"제록스(XEROX)라는 회사 이름을 접할 때 생각나는 것은

무엇인가?"라는 질문에 100명중 100명이 복사기라고 말할 정
도로 제록스는 복사기 문화를 창조하고, 선도해 온 사무혁명의
선두주자였다.

　제록스는 1959년 RANK와 XEROX의 합작으로 출발하여 각
고의 노력끝에 1961년 XEROX 914라는 복사기를 시장에 출
시, 사무 문화에 일대 혁신을 가져왔다. 1960년부터 1970년 중
반 약 10년동안 최대의 전성기를 누렸으며 최단시간에 최고의
매출신장률을 기록한 기업 중의 하나로 부와 명성을 한 손에 얻
으며, 세계 복사기 시장의 80%를 점유하는 초일류 기업으로 발
돋움하게 된다. 제록스의 경쟁력과 위용은 타 경쟁사의 추종을
불허할 정도로 대단했으며 한때는 세상 사람들이 제록스야말로
불황을 모르는 대명사로 칭할 만큼 명성를 날리던 초일류 중의
초일류 기업이었다. 확실한 경쟁상대가 없고 힘의 우위가 장시
간 계속되면서, 제록스에 근무하는 사원의 가슴속에는 서서히
고객을 경시하는 관료주의 문화가 태동하기 시작했다.

　우리의　기술은 세계 최고이며, 고객은 우리의 기술을 신뢰하
며, 제록스를 사랑한다는 조직분위기의 팽창으로 제록스는 점차
경쟁력을 상실하고 시장점유율이 급격하게 하락하는 최대의 위
기에 봉착하게 된다.

　일본 캐논(CANNON)과 아이비엠(IBM)의 추격으로 한때
80%를 점유하던 시장점유율이 40%로 격감하는 등, 창업이래
불황을 모르던 회사가 엄청난 경영위기를 맞이하게 된다. 제록
스의 사례에서 우리들은 무엇을 배워야만 하는가? 아무리 기술
력이 뛰어나고 경쟁력이 강한 기업이라 하더라도 고객을 영원히

만족시키지 못하면 생존할 수도, 성장할 수도 없다는 자명한 이치를 배워야만 한다는 사실을 일깨워 주고 있다. 기업이 나아가야 할 나침반의 방향 바로 '가치창조를 통한 고객만족' 임을 제록스사의 사례는 우리들에게 설득력 있게 제시해 주고 있다.

진정한 재산

스칸디나비아 항공의 얀 칼슨 회장은 "기업의 진정한 재산은 고객만족에 있다. 정말 우리에게 중요하고, 필요한 것이 있다면 그것은 고객에게 만족감을 주는 것"이다 라고 말했다.

"우리회사의 대차대조표를 보라. 자산으로서 얼마간의 항공기 가격과 현금이 기재되어 있다. 그러나 이것만으로는 안된다. 우리가 자산으로서 정말로 기재해야 하는 것은 작년동안 스칸디나비아항공을 이용하고 만족을 얻은 고객이다. 왜냐하면 그 사람들만이 우리가 획득한 자산이기 때문이다"라고 고객만족의 필연성과 중요성을 강력하게 시사해 주고 있다. 우리 옛속담에 "돈을 잃는 것은 조금 잃는 것이요, 명예를 잃는 것은 반을 잃는 것이며, 건강을 잃는 것은 전부를 잃는 것이다"라는 말이 있다 이 격언을 기업경영에 도입해 보면 '기업이 단기적으로 어려움에 직면하여 경영상의 손해를 보는 것은 조금 잃는 것이고, 기업이미지를 손상하는 것은 반을 잃는 것이다. 하지만 고객(건강)을 잃는 것은 모든 것을 잃는 것이다' 라고 정리할 수 있을 것이다. 세상은 끊임없이 변화하고 있으며, 또한 고객의 요구도 끊임없이 변화하고 있다. 우리는 먼저 고객의 요구를 수용하는 개인, 기업만이 경쟁적 우위를 확보·유지 할 수 있다는 사실을 인식하고 우리가 행하는 모든 것의 질(quality)을 지속적으로 향상시켜 나가야만 한다. 기업 대차대조표, 손익계산서상에 기록되어 있지 않는 고객 만족이야말로 우리 기업이 추구해야 할 진정한 재산이요, 최종종착점인 것이다.

　연구개발, 생산, 영업, 관리 등 모든 부문의 업무성격과 내용, 절차는 달라도 최종종착점은 바로 '고객만족'에 있다. 왜냐하면 고객만족이야말로 기업이 추구해야할 최고의 가치이기 때문이다. 우리의 뇌리에 깊숙히 잠자고 있는 이윤추구라는 고정된 관념은 하루 빨리 고쳐져야만 하며, 그 자리에 '가치창조를 통한 고객만족'이라는 새로운 목표가 자리잡아야만 한다. 이윤을 획득하고 싶은가, 그러면 내면의 힘을 스스로 길러 고객에게 다가가라, 그리고 고객을 순간에 감동시켜 버려라. 그러면 그토록 열망하는 이윤이라는 보따리는 저절로 따라올 것이다.

4.평가절하된 기업의 역할

해외고객들과 대화를 해보면, 기업의 역할, 사명 등이 경영교
과서에 부적절하게 기술되어 있다는 사실을 새삼 강하게 느낄
때가 있다.

그들은 한국의 전통예절, 역사, 습관, 정치, 사회 전반에 걸쳐
잘 모르고 있다. 알고 있다 하더라도 단편적인 내용이거나 혹은
잘못 알고 있는 내용들이 많다. 하지만 자기네 국가에 진출하여
명성을 떨치고 있는 한국의 기업에 대해서는 정확하게 알고들
있다. 그들의 마음과 눈에는 'A그룹=한국, B그룹= 일본' 이
라는 등식이 새겨져 있는 것 같았다.

시대가 변화면 세상을 보는 눈도 달라지는 법이다. 정보통신
이라는 최첨단 기기에 의해 세상은 너무나도 좁고, 가깝게 변화

되어 버렸다. 캐나다의 맥루한이 일찍이 말한 '지구촌 시대'가 우리 눈앞에 펼쳐지고 있으면, 기술의 발전은 세계를 더욱 더 가깝게 만들 것이다. 경영교과서에 기업의 역할과 사명이 어떻게 정리되어 있는지는 정확하게는 모른다. 하지만 기업이라는 일선 현장에서 느낀 기업의 역할과 사명은 경영교과서에 기록된 범위를 훨씬 초과한다는 점이다. 경영학을 공부한 필자역시 학창시절에는 기업의 역할에 대해 정확한 가치관을 정립하지는 못했다. 기업이라는 세계에서 보고 듣고 느끼면서 나름대로 정리한 기업관(사명, 역할)에 대해 지금부터 조명하고자 한다.

유일한 가치창조자

기업이라는 조직은 '가치창조'를 위해 수많은 사람들이 유기적으로 결합한 인위적 · 목적지향적 집단이자 유일한 생산집단이다. 이 세상 모든 집단 및 조직 중에서 기업만이 유일한 생산 경제단위이다. 기업은 이러한 생산활동을 통해 경제와 사회에 영향력을 갖게 된다. 기업의 첫번째 사명과 역할은 바로, 국민(고객)이 원하는 재화와 서비스를 창조하고, 제공하여 최상의 만족감과 가치를 제공하는 '가치창조자'로서의 역할일 것이다. 이러한 가치창조자로서의 역할을 거부하거나, 혹은 소홀히 하는 기업은 기업으로서의 존재 의미와 가치를 포기한 것으로 간주해야만 한다. 왜 기업의 첫번째 역할이 가치창조자인지를 우리의 생활주변을 통해 살펴보도록 하자.

여러분들이 지금 이 책을 읽고 있는 주위 환경을 한 번 되돌아 보라 ! 그리고 여러분 주변에서 기업이라는 조직이 만든 물건을 하나 하나 열거하면서 차례로 하나씩 하나씩 제거해 보자. TV, VTR, 카메라, 냉장고, 세탁기, 자동차 등 우리 주변에 있는 수많은 물건들이 기업이 제공한 것임을 쉽게 알 수 있을 것이다.

범위를 좁혀서 여러분 자신을 기준으로 한 번 살펴보라. 여러분들이 입고 있는 와이셔츠, 넥타이, 양말, 속옷까지도 기업이 만든 것들임을 알게 될 것이다.

이 세상에서 기업이 만든 물건을 하나 하나 제거해 나가면, 아마 우리 인류는 하느님이 만들어 주신 원시상태(신석기 시대)로 되돌아 갈 것이다.

기업이라는 조직에서 만든 물건을 제거하면, 남녀노소 할 것 없이 전부 다 알몸으로 살아가게 될 것이다. 기업은 이처럼 인류 사회가 필요로 하고, 인류사회의 발전과 행복한 삶에 필요한 수많은 재화(상품 및 서비스)를 계속해서, 한 순간도 쉬지 않고 끊임없이 제공하는 유일한 가치창조자인 것이다. 기업의 첫번째 사명, 그것은 고객과 국민의 복지향상을 위해 필요한 가치를 창조하고 제공하여 만족감을 주는 일 그 자체일 것이다 가치창조자의 역할을 수행하기 위해서는 끊임없는 개선과 혁신활동을 수행해야만 한다. 그리고 이러한 개선과 혁신활동의 시작은 나부터 시작해야만 하며, 그 시작은 바로 기업의 세계에 첫발을 내딛는 그 순간부터일 것이다.

생활습관, 사고방식의 변혁자

요즘 초등학교에 다니는 어린아이들이 즐겨 먹는 것은 피자나 핫도그 등 인스턴트 식품들이다. 심한 경우 한국인이 보편적으로 즐겨먹는 된장찌개 냄새를 역겨워 하는 어린아이도 있다고 한다. 지금 40~50대 중장년층은 어린시절 피자나 햄버거를 먹고 싶어도 기업이 값싸게 대량으로 제공하지 못했기 때문에 먹고 싶어도 먹을 수가 없었다. 조금 더 정확하게 이야기하자면 많은 사람들은 구경조차 할 수가 없었다.

40~50대가 된장찌개에 익숙해진 세대라면, 지금 10대는 기업이 대량으로 판매하는 일회용 식품에 길들여진 세대들이다. 누가 세대간에 이러한 문화적 차이를 만들었는가? 컴퓨터와 만화영화에 익숙한 세대와 말타기, 술래잡기, 구슬치기로 어린 시절을 보낸 세대와 생활가치관이 동일할 수가 있겠는가? 통신수단이 보편화 되어, 언제 어디서나 누구와도 통화가 가능한 정보화 사회에 살아가고 있는 사람과 전화기를 부의 척도로 여길 만큼 귀한 시대에 살았던 사람의 사고방식이 동일하기를 기대할 수가 있겠는가 ? 기업은 어떤 형태이든지 사람들의 생활방식과 사고방식을 보이지 않게 서서히 변화시키는 역할을 과거에도 수행해 왔고, 지금도 수행 중이며, 또 미래에도 수행할 것이다. 이

러한 역할은 시간의 경과와 더불어 점차 증대될 것이 분명하다.

1960년대 초, 주인공이 서울로 유학와서 부모에게 전화연락을 하고 싶어도 전화가 보편적으로 설치되어 있지 않아 전화를 제대로 하지 못하고, 설사 통화를 했다 하더라도 비싼 전화요금 때문에 서로 할 말을 다 하지 못하고 안타까워 하는 모습을 TV 드라마를 통해 가끔씩 접한다. 지금 우리의 가정생활을 한 번 살펴보자. CD, TV, 전화기, 휴대폰 등 끊임없이 생산되는 이 제품들이 우리들의 가정생활과 사회생활에 어떤 변화를 변화를 주고 있는가? 부정할 수 없는 단 하나의 사실이 있다면 어떤 형태이든지 생활의 변화를 가져온다는 것이다.

21C의 기업은 단순히 물건을 만들어서 생산하는 생산자의 역할 뿐만 아니라, 사회와 개인의 삶의 질을 높여주는 국민복지의 동반자 역할도 동시에 수행할 것을 요구받고 있다. 인간을 소중히 여기는 마음, 사회의 소외된 곳과 인간의 삶의 질을 제1의 경영철학으로 기업을 경영하는 자세야말로 이 시대가 요구하는 기업의 진정한 모습이자 동시에 기업이 수행해야 하는 참 역할 일 것이다. 기업은 국민의 생활습관, 사고방식의 변혁자 역할을 수행함을 다시 한 번 깊게 생각하여야 하며, 긍정적인 측면에서 보다 나은 내일을 위해 최선을 다해야만 하는 숙제를 안고 있는 것이다.

이제 우리는 기업의 사명에 대해 명확한 인식을 가져야만 하며, 아울러 기업이라는 조직에 몸담고 있는 나자신이 무엇을 해야만 할 것인지를 냉철하게 생각해야 한다.

국가경쟁력의 원동력

국가들은 모두 경쟁을 하고 있다. 그런데 그것은 정말 국가가 경쟁하는 것이라고 말할 수 있을까. 한국의 ○○○사가 미국에서 일본의 XXX와 경쟁을 한다고 가정해보자.

그것이 한국과 일본이 경쟁하는 것인가? 그렇지 않다. 한국과 일본이 경쟁하는 것이 아니라 한국의 ○○○와 일본의 XXX가 경쟁하는 것이다. 그러니까 엄밀히 이야기하면 국가경쟁력이라는 말은 없다.

세계경제는 국경을 넘어 국가단위에서 세계단위로 하나의 거대한 경제단위가 되어 가고 있다. 지금은 산업과 산업이, 기업과 기업이 세계적으로 경쟁을 하는 시대이다. 세계에 나아가 경쟁하는 것은 국가가 아니라 그 국가의 산업이고 기업인 것이다. 그렇다면 정부는 무엇을 하는가. 국가는 어떤 산업이나 기업이 경쟁력을 키울 수 있도록 정책을 펴고 격려해 주고 때로는 말리는 그런 일들을 해야 한다.

기업은 냉정한 사각의 링에서 혈투에 가까운 힘겨운 시합을 하는 권투선수이며 정부는 기업이라는 권투선수에게 격려와 지원을 해주는 코치인 셈이다.

시합은 권투선수가 상황에 따라 자율적으로 판단하여 상대방을 공략하는 것이지 코치가 하는 것이 아니다. 시합에 승리하기 위해서는 체중조절이라는 자기와의 싸움에서 먼저 승리해야만 한다. 기업경쟁력은 스스로가 쟁취하는 것이지, 누가 가져다 주는 것은 아니다. IBM사의 표어 중에 "IBM 컴퓨터보다 더 싸고, 더 좋은 컴퓨터를 만들라"라는 말이 있다. 컴퓨터 업계에서는 "당신의 경쟁자를 오늘 아침에 물리치지 못하면 오후에 그 경쟁자가 당신 회사를 깨버릴 것이다"라는 말이 유행하고 있다. 기업경쟁력은 기업이 스스로 창출하고 무장하여 자신의 힘을 보다 강하게 가다듬는 데서 나온다. 기업간 경쟁은 군인들이 싸우는 전쟁보다 더 치열하고, 더 무섭고, 더 잔인하고, 시작도 끝도 보이지 않는 경제전쟁이다. 경제전쟁에서 수많은 우리기업들이 승리의 월계관을 쟁취할 때 국가의 힘, 즉 국력이 강화되는 것이다. 기업은 세계를 무대로 국가를 대신하여 최전방에서 고군분투하고 있는 국가경쟁력의 선봉장인 셈이다.

산업과 산업, 기업과 기업이 경쟁하는 지금의 시대에 기업이 차지하는 비중은 커질 수밖에 없다. 그리고 이러한 비중은 시간의 경과와 더불어 더욱 더 커질 수밖에 없을 것이다. 왜냐하면 지금의 시대는 이념전쟁이 아닌 경제전쟁, 실리전쟁의 시대이기 때문이다.

들판에 피어있는 할미꽃, 호박꽃, 무리를 지어 돌아다니는 참새와 제비들도 나름대로의 역할과 존재가치가 있게 마련이다. 삼라만상 존재하는 모든 것은 그 나름대로의 역할이 있게 마련이다. 중요한 것은 역할이 아니라, 그 역할에 얼마나 충실하는냐 하는 것이다. 그 역할을 충실하게 수행하기 위해서는 먼저 역할을 정확하게 인식하고, 자기에게 주어진 역할에 충실하려는 생활자세를 지녀야만 한다. 조직구성원이 각자의 책임을 다하지 못하면 그 조직은 발전하지 못할 것이다. 국가가 무엇을 해주기 전에 당신이 무엇을 해줄 것인가를 생각해보라는 말이 있다. 마찬가지로 기업이 무엇을 해주기 바라기 이전에, 내가 무엇을 해야만 하는가를 냉정하게 저울질해보고, 나에게 주어진 역할에 최선을 다하는 그런 깨어있는 철학이 필요한 시기이다.

〈기업과 나의 역할〉

기업의 역할	가치창조자	국민복지의 동반자	국가경쟁력의 원동력
의 미	· 고객이 필요로 하는 재화와 서비스 창출자	· 삶의 질과 일터의 제공자	· 경쟁력의 구심체
나의 역할	· 고객만족을 위해 최선을 다하는 철학 정립 (고객은 우리의 길잡이)	· 혁신적인 제품과 서비스를 통한 가치창조 극대화	· 모든 경쟁력의 근본은 자기자신의 경쟁력임을 인식하고 끊임없이 자기혁신 노력 경주

제2장
자기혁신의 출발점

5.성공자의 3행시와 특징

미국의 록키산맥 최고봉에서 1m 서쪽으로 떨어지는 빗방울은 태평양으로 흐르고 1m 동쪽으로 떨어지는 빗방울은 대서양으로 흘러간다. 불과 1m차이지만 그 결과는 상상을 초월할 만큼 엄청나다.

이처럼 모든 격차의 시작은 사소하지만 결과는 엄청나게 큰 법이다. 사람들은 자신의 능력을 인정받고 싶어하며, 항상 조직에서 필요로 하는 사람이 되고자 한다.

어떤 사람은 인정을 한 몸에 받고, 어떤 사람은 조직의 발전에 암적인 귀찮은 존재로 취급받고 있다. 이 양자의 차이는 무엇인가? 열정인가 능력의 문제인가? '성공자' 를 가지고 3행시를 만들고, 성공이라는 단어를 들을 때 연상되는 단어에 대해 토의를

진행한 적이 있었다. 그 토의의 핵심은 성공과 실패의 1m차이
는 사람의 능력이 아니라, 열정과 의욕에 있다는 것이었다. 그때
도출된 3행시와 '성공'과 밀접한 단어를 정리하면 표와 같다.

〈 '성공자' 3행시 및 특징〉

구분	1	2	3	4	5
성	성공하려고	성취하고자 하는 높은 목표를 스스로 설정하여 도전하고	성을 쌓듯이 차근차근히	성공한 자는	성실히 일하고
공	공부만 하는 사람보다	공자와 같은 인격을 갖추려고 노력하며	공들여 노력하면	공식적인 자리에서	공부하며
자	자신을 평생토록 가꾸고 노력하는 자만이 진정 참다운 성공자다	자기와의 싸움에서 승리하는 자	자신은 분명 성공자이다	자랑스럽게 나설 수 있다	자신을 바꾸어 나가는 사람

〈 '성공자' 하면 연상되는 단어 (특징어)〉

> 열정, 열의, 인내, 도전, 목표, 희망, 미래지향적, 적극적, 건설적, 노력, 자기와의 싸움, 긍정적, 자신감, 나부터 먼저, 실천, 말보다 행동, 성실, 겸손….

'성공자' 는 자신에게 충실한 사람들이며, 뜨거운 열정과 도전정신을 바탕으로 자신의 목표달성을 위해 땀을 흘리는 사람들이다. '성공자' 는 혼자서도 일을 잘하지만 더불어 일할 때에는 더욱 더 잘하는 사람이다.

성공자가 되기 위해서는, 끊임없이 자신을 단련시켜야만 한다. 그러기 위해서는 뜨거운 열정과 의욕으로 자신을 감싸야만 한다. 자신을 단련하는 첫번째 단추는 재능이 아니라 자신에게 충실한 자세, 자신의 열정과 의욕의 불꽃을 관리하는 일일 것이다 지금부터 '자기혁신' 을 가로막는 병균의 실체들을 조명해보고, 그 해결방안을 살펴보도록 하자.

6.배우지 못한 귀중한 자산

　입시전쟁, 취업전쟁, 승진전쟁 등 우리들은 살아오면서 수많은 전쟁들을 치러 왔다. 우리들이 이런 수많은 전쟁을 통해 배운 것은 지식과 기능,기술에 관한 것뿐이다. 하지만 안타깝게도 자신의 마음과 열정을 관리하는 방법을 배우지 못했다.

　대학입시 실패, 성적비관, 이성문제 등으로 인해 투신자살하는 청소년들이 늘어가는 지금의 세태는 우리들이 얼마나 마음과 의욕을 관리하는 것을 소홀히 해 왔는지 역설적으로 방증해 주고 있다. 그리고 와르르 와르르 일어나는 각종 대형참사들은 나만의 이익과 편익을 생각하는 이기주의가 얼마나 극에 달하고 있는지를 적나라하게 보여주고 있다.

　사람들로 구성된 기업이라는 세계, 그 세계가 추구하는 첫번째 조직인의 요건은 뛰어난 능력이 아니라, 더불어 가치를 창조하고, 주위 사람들과 더불어 발전하고 융화하고, 어려움이 닥쳐오면 닥쳐올수록 더욱 더 큰 마음의 에너지를 폭발시켜 도전하는, 불타는 의욕과 열정를 지닌 조직인이다. 당신 자신이 자신의 불타는 의욕과 열정을 소홀히 취급하면, 그에 따르는 벌과 심판을 받게 될 것이다 당신이 관리해야 할 첫번째 요건은 능력이 아니라, 바로 당신의 마음과 열정이다.

네 가지 재산

대중가요 중에 "사랑에 속고 돈에 울고"라는 구절이 있다. 이 구절은 가슴 저리게 너무나 사랑한 여인에게 돈 때문에 배신당한 한 사나이의 애틋한 마음을 함축적으로 표현한 것이라 여겨진다. 또 "돈 없으면 집에가서 빈대떡이나 부쳐 먹지"라는 대중가요 구절도 있다. 이처럼 돈은 과거에나 지금에나 조금도 변함이 없는 엄청난 위력을 가지고 있는 것 같다.

유리거울처럼 가장 순수하고, 깨끗해야 할 숭고한 사랑조차 돈앞에서 무기력하게 무너지는 그런 세태를 대중가요를 통해 읽을 수 있다. 보편적으로 재산이라 하면 돈을 가장 먼저 생각한다. 하지만 돈은 우리들이 추구해야 할 첫번째 요건이 아니라 어디까지나 부수적인 것이다. 재산은 크게 네 가지로 나누어 볼 수 있다 〈표1: 네 가지 재산 참조〉.

첫번째 재산의 유형은 현금 수표 등 언제라도 사용할 수 있는 자산이고, 두번째 자산은 부동산, 주식등 현금화할 수 있는 재산들이다. 이 두 가지 재산은 우리들이 가장 가지고 싶어하는 보편적인 것들이다. 그리고 이 두 가지 재산 축적을 위해 땀과 노력, 시간, 그리고 청춘을 투자하는지도 모른다.

하지만 한 걸음 물러나서, 재산의 속성을 냉정하게 저울질해보면 다른 새로운 사실을 발견할 수 있다.

<네 가지 자산>

재산1	· 현금 수표
재산2	· 부동산 주식 채권
재산3	· 기술 지식 기능
재산4	· 더불어 살아가는 마음 · 사회규범을 준수하는 마음 · 자신을 관리하고 계발하는 의욕과 열정

재산1, 재산2는 재산3, 재산4에 의해 얻어지는 결과물이다. 현대의 시대를 '가치의 시대, 전문가의 시대'라고들 한다. 타인과 확연히 구별되는 나만의 노하우가 차별적인 힘이 있을 때 힘(power)과 권력을 얻을 수 있고 그리고 재산1, 2를 축적할 수가 있다. 하버드 대학 2년 중퇴, 세계 최연소 회장, 세계 최고의 갑부인 빌 게이츠의 밑바탕에는 뛰어난 창의력과 자신의 목표 달성을 위한 부단한 자기혁신과 불타는 의욕이 있었다. 그는 회사 창업에 필요한 자본도 충분히 없었고, 공장도 종업원도 없었다.

그가 가진 것이라고는 오직 컴퓨터에 대한 남다른 기술과 지식, 그리고 남을 압도하는 불타는 의욕가 마음뿐이었다.

가치의 시대에 있어서 정말 중요한 자산은 눈으로 만질 수도, 볼 수도 없는 그런 무형의 자산임을 빌 게이츠는 우리들에게 이야기해 주고 있다. 기술, 지식도 사람의 마음과 열의 그리고 의욕에 따라 그 힘은 엄청나게 차이가 난다. 이 세상에 빌 게이츠에 대적할 지식과 기술을 가진 사람이 어디 한 두 사람이겠는가? 기술과 지식의 크기는 그 사람의 내면에 잠재된 마음을 어떻게 관리하느냐에 전적으로 결정되는 것이다. 재산4는 재산3의 기본바탕인 동시에 재산1, 2를 더욱 더 크게 하고 축적하는 시금석이다. 지금부터 우리들이 추구해야 할 진정한 자산은 볼 수도 없고, 만질 수도 없는 무형의 자산 바로 더불어 살아가는 마음, 자신을 개발하고 관리하는 마음(열정)인 것이다. 왜냐하면 이것 없이 축적한 재산은, 한 순간에 허물어지는 보잘것 없는 것들이기 때문이다.

삼국지와 유비

광활한 중국대륙을 무대로 영웅호걸들이 자기의 이상과 꿈을 펼치는 이야기를 담은 「삼국지」하면 우리들은 보통 유비, 관우, 장비, 제갈공명, 조조 등을 연상하곤 한다.

관우는 신의와 지략의 대명사로, 장비는 조금 무식하고 저돌적이지만 정의를 위해서라면 무섭게 돌진하는 패기와 불굴의 상징으로 인식되고 있다. 제갈공명 하면 신비의 인물, 하늘의 이치를 꿰뚫어보는 예리한 눈과 날카로운 통찰력, 그야말로 하늘이 내린 천재적인 인물로 기억되고 있다. 그런데 유비하면 가슴과 머리에 금방 이미지가 떠오르지 않는다. 물론 사람에 따라 이미지는 달라질 수 있겠지만 관우, 장비, 제갈공명 등에 비해 유비가 확실한 이미지를 가지고 있지 못하다는 것은 틀림없는 사실인 것 같다.

그런데 왜 관우, 장비, 제갈공명등 한 시대를 풍미한 영웅호걸들이 유비라는 한 사람을 위해 목숨을 아끼지 않고 충성과 신의를 지켰단 말인가? 유비가 전쟁터에서 혁혁한 공을 세운 관우와 장비에게 엄청난 물질적·금전적 보상을 해주었기에 일평생 신의와 충성을 지켰단 말인가? 요즘 유행하는 능력급과 업적급을 확실하게 보상해 주어서 그토록 용맹하게 전쟁을 치렀단 말인가? 인간(人間)이란 사람을 가리키는 단어가 아니라, 사람과 사람 사이를 지칭하는 단어이다. 휴대폰, 삐삐 등 현대의 최첨단 기기들이 상호간에 주어진 신호에 의해 작동되듯이, 사람과 사람사이도 보이지 않는 힘에 의해 움직이는 것이다.

동양에서는 이러한 힘을 덕(德)이라고 표현하고 있다. 덕(德)이란 바로 마음을 가리키는 말이다. 더불어 살아가는 데 가장 필요한 것은 능력이 아니라 바로 마음이다. 나만의 이익보다 전체를 생각하는 마음, 나라는 단어보다 '우리'라는 단어를 더욱 더 존중하는 정신, 혼자서도 잘하지만 남과 더불어 잘하는 마음, 그것이 바로 조직에서 원하는 첫번째 요건 중의 요건이다.

기업에서 원하는 첫번째 요건인 '더불어 가치를 창조하는 마음'은 개인의 일상적인 언행, 태도, 행동 등이 타인에게 어떻게 투영되는가에 따라서 그 높낮이가 평가된다. 그 판단기준은, 우리가 당연한 것으로 받아들이는 보편윤리 내지 규범과의 일치성이라고 보아도 틀림이 없을 것이다. 예컨대 자신의 주변을 깨끗이 관리하는 것, 공사의 명확한 구별, 시간을 지키는 것 등과 같이 사회생활에서 기본에 속하는 일을 올바르게 하는가의 여부가 그 판단기준이 된다.

조직이 건강하고 발전하기 위해서는 그 조직을 구성하고 있는 조직구성원이 먼저 건강해야만 한다. 특히 정신적, 마음적으로 건강해야만 한다. 육체의 병은 물리적이고 인위적인 방법을 통해 치료가 가능하지만, 정신과 마음에 의해 야기된 질병은 치료할 수 없기 때문이다.

당신의 마음을 질병으로부터 보호하기 위해서는 조직전체의 입장에서 생각하는 보다 한 차원 높은 시야를 갖고 기본에 속하는 일, 예컨대 회사의 목표, 조직의 목표를 이해하고 나아가 사람이 살아가면서 필요한 가장 기본적인 일들을 묵묵히 실천해야만 한다. 그러기 위해서는 먼저 당신의 마음을 갈고 닦아야만 한다.

7.감성지수(EQ)와 지능지수(IQ)

새로운 일을 추진할 때나, 혹은 일이 뜻대로 잘 풀리지 않을 경우, 머리와 지혜가 부족함을 한탄한다. 하지만 사람의 지능지수(IQ)는 종이 한장 차이에 불과하다. 주어진 일을 끝까지 추진하지 못하는 것은, 지혜와 재능이 부족해서가 아니라, 하고자 하는 마음(열의와 열정)이 부족하기 때문이다.

지능지수 (IQ)가 모자라는 것에 대해서는 많은 걱정들을 하지만 남을 생각하는 마음, 더불어 가치를 창조하는 마음, 어려움을 스스로 관리하고 인내하는 '감성지수(EQ)' 가 부족한 것에 대해서는 별로 걱정들을 하지 않는다. 성적표에 기록된 점수가 곧 그 사람의 능력을 측정하는 지표요, 사람 됨됨이를 좌지우지하는 풍토하에서는 감성지수가 제대로 뿌리를 내릴 수가 없다. 입사를 위해서는 지능지수가 필요하지만, 성공과 출세 그리고 새로운 내면의 세계를 창조하기 위해서는 감성지수의 뿌리를 돌보고 가꾸어 나가야만 한다.

왜냐하면 거미줄 같은 복잡한 수많은 공정과 수많은 사람의 마음과 마음이 하나가 될 때 비로소 일이 완성되는 협력의 세계가 바로 기업이기 때문이다. 지혜와 재능이 부족해서 실패하는 경우는 거의 없다. 나만이 제일이라고 하는 강한 자만심, 나만의 이익을 생각하는 강한 이기주의와 주어진 일을 끝까지 추진하지 못하는 의지력과 끈기가 부족하면 일이 되지 않는다. 지혜와 재능이 부족한 것을 한탄하는 어리석음에서 벗어나 남과 더불어 가치를 창조하고, 스스로를 관리해 나가는 그런 성숙한 '감성지수'를 겸비한 사람이 되어야만 한다

8.당신의 마음과 열정을 좀먹는 병균들

자존심과 자만심의 한계

'개'는 사람과 가장 친숙한 동물 중의 하나이다. 개는 충성심이 강하고 매우 영리한 동물이다. 초등학교 교과서에도 개에 대한 이야기가 나온다. 옛날 선비가 술에 취해 풀밭에서 깊은 잠에 빠졌다. 그런데 갑자기 원인 모를 화재가 발생하여 급히 대피해야만 하는 긴급한 사태가 발생하였다. 주인의 목숨을 살리기 위해 개는 온갖 수단을 동원하여 주인을 깨워 보지만 깊은 잠에 빠진 주인은 일어날 기미를 보이지 않는다. 다급해진 개는 가까운 강가에 달려가서 자신의 몸에 물을 묻혀 더 이상 불이 번지지 않게 하여 주인의 목숨을 구했다. 하지만 자신은 너무나 지쳐 기진맥진하여 숨을 거두고 만다. 정신을 차린 주인은 자신의 목숨이 개 덕분에 무사하게 된 사실을 알고 눈물을 흘리며 대성통곡한다. 이처럼 개는 주인을 위해서라면 목숨도 바치는 매우 충성스런 동물이다. 그리고 매우 자존심이 강한 동물이기도 하다. 이 강한 자존심은 싸움에 지는 것을 스스로 용납하지 못한다. 자신의 자리, 영역에 대한 강한 집착으로 말미암아 자신의 영역을 침해하는 다른 개를 보면 용서하지 못하는 성격을 가지고 있다. 이 강한 자존심 때문에 종종 목숨을 잃는 수도 있다고 한다. 남극탐험대에서 있었던 실제 이야기를 통해 개들이 목숨보다 더 소중히 여기는 자존심의 참된 의미를 살펴 보도록 하자. 남극 탐험대가 개 썰매를 이용하여 탐험활동을 하던 때의 이야기이다. 어느 탐험대의 제일 선두를 달리던 리더 개가 얼음판 위에서 부상을 당했다. 그러나 그 리더 개는 부상에도 아랑곳 하지 않고 리더로서의 긍지와 자부심을 가지고 다리를 절뚝거리며 처음과 같이 달리기를 계속 했다.

시간이 경과함에 따라 상처의 통증은 점점 심해지고 썰매의 속도도 점점 떨어져 갔다. 그래서 대원 중 한 사람이 부상당한 선두 개를 썰매로부터 떼어 놓고, 그 뒤에 있던 개를 선두에 세워 제일 앞에서 달리게 했다. 그러자 부상을 입은 리더 개는 그것이 싫어서 자신이 지금까지 달리고 있던 제일 앞자리로 뛰어 들어가 자기자리를 차지하고 있는 두 번째 개에게 이빨을 벌리고 으르렁거리며 달려들어 그 개를 밀어내 버렸다.

결국 두 번째 개가 선두자리로 가기를 꺼려 했기 때문에, 대원은 할 수없이 부상당한 선두 개를 총으로 사살해 버렸다고 한다. 이와 같이 개는 자존심이 대단히 강한 동물이다. 인간도 마찬가지로 자신이 제일이라고 하는 생각을 강하게 가지고 있다. 또 이

것이 격심한 생존경쟁을 헤쳐나가는 데 크나큰 힘이 될 수도 있다. 그러나 이 탐험대의 개 썰매와 같이 스스로의 자존심을 교만으로 표출해서는 안된다. 그렇게 되면 복잡한 인간관계에서 자기만의 고집과 아집으로 행동을 하게 되고 상대방 입장은 생각을 하지 않게 된다.

확실한 능력과 깊이 있는 인격의 뒷받침 없이 긍지와 자존심을 강조하는 것은 비극이다. 자신과 긍지는 자기자신만을 위한 것이고 타인을 위한 것은 분명 아니다. 자신있는 행동과 긍지를 가지고 생활하는 것은 인간에게 있어서 매우 중요한 것임에 틀림이 없지만 상대방과 타인에게 손실과 피해를 주지 않는 확실한 테두리 안에서 설정될 때만이 값어치가 있는 것이다.

진정한 라이벌

성공자의 이면에는 자신의 능력과 의지를 믿는 뿌리깊은 '자기신뢰'의 정신이 있다. 험난한 세상, 변화의 세상, 경쟁과 생존의 시대를 슬기롭게 헤쳐 나가는 데 있어, 자기신뢰는 무엇보다도 중요하다. 자신의 의지와 능력을 신뢰하는 것, 이것은 자기발전과 자신의 열정을 더욱 더 뜨겁게 만드는 중요한 무기임에 틀림이 없다.

하지만 대다수의 사람들은 자신의 능력을 과대평가하는 뿌리깊은 습성을 가지고 있어, 성공 일보직전에서 몰락해 버리고 만다. 내가 최고라는 자신감은 곧 바로 자만심으로 비약된다. 그 순간이 바로 몰락의 시작이다.

　과거 수십년 동안 정상을 차지했고, 순탄하게 성장한 기업이 한 순간에 허물어지는 가장 큰 이유가 바로 자만심이라는 병균을 사전에 박멸하지 않았기 때문이다. 우리들의 발전과 혁신을 가로막는 진정한 라이벌은 외부여건과 환경이 아니라, 내면에 잠재된 마음(자만심)이다. "모든 일은 계획으로 시작되고, 노력으로 성취되며, 오만으로 망친다"라는 말이 있다. 더불어 가치를 창조하고, 보다 성숙한 감성지수(EQ)를 겸비한 조직인이 되기 위해서는 자만심이라는 뿌리깊은 습성과의 싸움에서 이겨야만 한다. 이제부터의 싸움, 그것은 바로 당신 마음(자만심)과의 싸움이다. 진정한 라이벌, 그것은 당신 자신의 내면에 잠재된 마음임을 잊지 말라.

훈련된 코끼리의 한계

　해외 토픽이라는 TV 프로그램에서 '벼룩 서커스' 묘기가 방영된 적이 있었다 이 작은 벼룩은 놀라운 점프력을 가지고 있었지만, 웬일인지 미리 정해진 높이밖에 뛰지를 못했다.

　그 이유는 천장이 있는 투명한 반원형 유리용기 속에서 훈련을 받았기 때문에 용기가 없어진 자유로운 상태에서도 눈에 보이지 않는 천장이 있다고 스스로 생각하기 때문이다. 머릿속에 남아 있는 고정관념 때문에 높이뛰기의 대표선수 벼룩이 스스로 자신이 가지고 있는 능력을 제한해 버리고 만 것이다.

훈련된 벼룩과 같이 행동하는 동물이 또 하나 있다. 그것은 우리가 어린 시절 서커스 무대에서 재미있고 신기하게 구경했던 코끼리이다. 태어난 지 얼마 되지 않은 코끼리를 훈련시키기 위해, 조련사는 어린 코끼리의 발목에 쇠사슬을 채운다. 쇠사슬에 발목이 묶인 어린 코끼리는 행동의 자유를 되찾기 위해 온 힘을 다하여 쇠사슬에서 벗어나려고 안간힘을 쓴다. 하지만 노력하면 노력할수록, 되돌아오는 것은 조련사의 채찍질과 절망감뿐이다. 마음만 먹으면 트럭 한 대 정도는 쉽게 넘어뜨릴 수 있는 엄청난 힘을 가진 거대한 코끼리로 성장하고 난 후에도 아주 보잘것 없는 쇠사슬에서 헤어나지를 못한다.

"벗어난다는 것은 불가능해, 도저히 실현성이 없어'라는 자포자기병에 사로잡혀 쇠사슬에서 헤어나지를 못하는 것이다. 이와 비슷한 사람도 의외로 많은 것 같다. 왜냐하면 인생도 환경의 제한을 받기 때문에, 자기도 모르게 자신의 능력을 스스로 제한해 버리는 습관에 빠져들게 된다. 어른이 되어 이미 제한이 없어져도 그 습관 때문에 잠재능력을 활용하지 못한다. 성공자가 되기 위해서는 이와 같이 해서는 안된다. 자기혁신과 자기창조를 통해 제한이라는 한계를 뛰어넘어야만 한다. 혹시 내가 훈련된 코끼리처럼 스스로의 능력을 제한해 버리는 자포자기병에 중독되어 있는 것은 아닌지 한번 되돌아보자.

> ·스스로 만든 '제한'이라는 한계를 타파해 나가야만 한다.
> 이것이 자기혁신의 출발점이다.

끝없는 전쟁

국어 사전에는 프로(PRO)를 '한 분야에서 걸출한 실력과 능력, 지식을 갖춘 전문가'라고 정의하고 있다. '프로'라는 말을 들을 때마다 화려함과 냉정함이라는 상반된 이미지가 연상되곤 한다.

프로축구, 프로야구 등 스포츠의 프로시대 서막이 오른 80년대는 국내 스포츠의 새로운 역사와 이정표를 그린 시기이다. 프로의 세계처럼 과거의 화려한 명성과 실적이 오늘과 내일의 성공 보증수표가 될 수 없는 철저하게 실력주의, 능력주의가 적용되는 분야도 아마 없을 것이다.

정규시즌 성적(실적)에 따라, 개인의 연봉(몸값)이 결정되는 프로의 세계야말로 철저한 자기와의 싸움장이요, 냉정한 경쟁세계이다. 프로선수는 자신의 존재가치(몸값) 상승을 위하여, 누가 지시하기 전에 자기의 단점을 치밀하게 분석하고, 이의 보완을 위해 계획과 일정에 의해 스스로 자기관리를 해 나간다. 이점이 성공과 실패의 극단적인 차이를 가져오는 요인이다.

무명의 연습생 출신 야구선수가 피나는 노력과 인내를 통하여 대스타로 새롭게 발돋움하고, 반대로 화려한 명예와 수억대의 계약금을 받고 입단한 선수가 이름과 명성에 걸맞지 않는 초라한 선수로 전락하는 모습을 종종 보게 된다.

생애 714개의 홈런을 친 홈런왕 베이브 루스는 홈런수의 두 배에 달하는 삼진을 당했다. "항상 성공(홈런)의 뒷면에는 실패(삼진)가 있게 마련이다. 중요한 것은 실패를 어떻게 극복하느

냐 하는 자세와 노력이다. 야구 방망이를 많이 휘둘러 본 선수만
이 홈런을 많이 칠 수 있다"라고 그는 말했다.

철저한 경쟁과 약육강식의 법칙이 적용되는 비즈니스 세계에
몸담고 있는 우리들이 프로의 세계에서 무엇을 배워야만 하는
가? 그것은 역경을 환희로, 고난을 성공으로, 포기하고 싶은 마
음에 강한 승부사의 불꽃을 지피우는 철저한 프로정신, 자기와
의 경쟁에서 굴복하지 않는 강인한 의지와 열의가 아닐까.

> 당신의 마음과 의지는 당신을 성공자로 안내하는 나침반인 동시에, 당신
> 자신을 파멸의 길로 인도하는 시한폭탄도 될 수 있다.

최고의 무기

복싱, 씨름, 레슬링, 태권도 등 격투기 경기에서 주심이 주의
사항과 경기규칙을 설명할 때, 선수들은 주심의 설명에는 전혀
관심이 없고, 온 신경을 집중하여 상대선수의 '눈'만을 뚫어지
게 쳐다본다.

상대방을 제압하겠다는 강인한 집념과 의지의 싸움, 짧은 한
순간의 눈싸움이 선수들에게 가장 숨막히는 순간이라고 한다.
전문가에 의하면 눈싸움에서 상대방을 제압하는 선수가 이기는
확률이 매우 높다고 한다. "눈은 마음의 창"이라는 말이 있다.
눈은 그 사람의 내면에 깊숙히 자리잡고 있는 자아의 모습을 세
상 사람들에게 그대로 보여주는 창인 것이다.

격투기 선수가 눈싸움에서 졌다는 것은 곧 심리적 패배, 자신감 상실을 뜻한다 자신감을 잃어버린 선수가 자신의 기량을 100% 발휘하지 못하는 것은 너무나 자명한 이치이다. 자신감을 상실한 선수의 행동은 침착하지 못하고 당황하며 허둥대기 일쑤이다. 반대로 자신감으로 무장한 선수는 침착하고 여유가 있으며 활기와 활력이 철철 넘쳐 흐른다.

이렇게 볼 때 패배의 진짜 원인은 상대선수의 예리한 주먹과 가공할 파괴력이 아니라, 잃어버린 자신감 즉 심리적 패배감이라고 볼 수 있다. 타박상, 요통, 관절염 등 육체적인 병은 현대 첨단기술로 간단하게 치료할 수 있지만 심리적 패배, 자신감 상실은 첨단기술로도 치료할 수 없다. 심리적 패배를 치료할 수 있는 가장 좋은 치료약은 바로 "할수 있다"라는 강한 자신과 자기 단련뿐이다. 넘어서면 일어서고, 실패하면 두 주먹을 움켜쥐고 다시 도전하여 반드시 성공하고야 마는 정신, 그것이 바로 강한 자신감의 핵심이다. 자신감이 충만한 사람과 같이 있으면 자기도 모르게 변한다. 왜냐하면 자신감이 넘치는 사람은 활기차고 힘차며, 박력과 에너지가 넘쳐 흘러 자신도 모르게 자신감을 가지게 된다. 이처럼 자신감은 사람 전체를 지배하고 있으며, 사람 행동 하나하나를 지배하게 된다. 모진 비바람, 거센 세파를 헤쳐 나가기 위해서는 자신의 열정을 믿어야만 한다.

당신의 성장과 변신을 가로막는 적은 나약한 당신의 의지와 스스로의 능력을 과소 평가하여 스스로 포기하는 마음뿐이다. 자기포기, 자기과소화의 병을 빨리 떨쳐 버려라. 과감히 허물어 버려라! 스스로 발견하지 못한 엄청난 재능과 열정이 당신에게 숨겨져 있다. 다만 그것을 깨닫지 못하고 활용하지 못할 따름이다. 자신을 믿으라! 자신의 능력과 의지를 믿으라! 그리고 그 능력과 마음의 불꽃을 갈고 닦아라! 그러면 틀림없이 정상에 우뚝선 자랑스런 모습을 발견할 수 있을 것이다.

<자기포기병 중독환자들의 변명>

- · 우리 규모로는 무리야
- · 그건 불가능해
- · 우리에겐 그런 능력과 실력이 없어
- · 일찍 포기하는 게 몸에 좋아
- · 글쎄 그게 잘될까
- · 그게 가능했다면, 옛날에 벌써 시도했을 거야

운명이 기가막혀

사람들은 미래를 향해 살아가고 있는 것처럼 보이지만, 많은 대다수의 사람들은 과거의 추억과 향수에 젖어 살아가고 있다. '만약 내가 부자였다면, 만약 내가 잘 생겼다면, 다른 사람들이 나를 이해해 준다면, 만약 운명이 나를 거부하지 않았다면…' 등 '만약병'의 쇠사슬에서 헤어나지를 못하고 있다.

일생을 살아가면서 정말 아쉽게 놓쳐 버린 결정적인 찬스가 자꾸 뇌리에 떠오르고 좀처럼 잊지 못하고 미련을 갖는 것은 보통사람들이 갖는 공통된 마음일 것이다.

변화의 격류 속에 살아가고 있는 우리들이 진정 변신하기 위해서는 덧없이 지나가 버린 옛추억과 운명의 쇠사슬에서 빨리 벗어나야만 한다. 그러기 위해서는 '나는 지금 어디에 서 있으며, 어디를 향해 나아가고 있는지를 저울질해 보아야만 한다. 독일의 철혈재상 비스마르크의 좌우명은 "운명아, 길을 비켜라. 내가 간다"였다. GE의 잭 웰치 회장은 회사 직원들에게 다음과 같이 이야기 한다고 한다. "스스로의 운명은 스스로 개척하라"고. 지나간 일에 미련을 두기에는 너무 빨리 주변환경이 변하고 있다. 지나간 일들을 아쉬워할 것이 아니라, 지나간 옛시간 속에서 오늘을 살아가는 삶의 지혜를 배워야만 한다. 우리의 열정과 의욕을 좀먹는 '만약병'에 감염되지 않기 위해서는 스스로의 운명을 스스로의 힘으로 개척하는 강인한 열정을 가진 승부사가 되어야 하지 않겠는가.

〈운명론자의 한탄〉

1. 만일 내가 훌륭한 교육을 받았더라면
2. 만일 내게 충분한 연줄만 있다면
3. 만일 나에게 시간만 충분하다면
4. 만일 다른 사람들이 나를 이해해 준다면
5. 만일 내가 팔자를 잘 타고났다면
6. 만일 내가 부자로 태어났다면
7. 만일 행운이 나를 거부하지 않았더라면
8. 만일 다른 사람들이 나의 재능을 인정해 준다면

9. 열정은 스스로 가꾸어 나가라

'열정' 은 선천적으로 주어지는 것이 아니라 인위적, 후천적 노력에 의해 가꾸어 나가는 것이다. 스위스의 문학자 겸 철학자 였던 아미엘이 남긴 일기에는 다음과 같은 유명한 말이 나온다.

- 마음이 변하면, 태도가 변한다.
- 태도가 변하면, 습관이 변한다.
- 습관이 변하면, 인격이 변한다.
- 인격이 변하면, 인생이 변한다.

자기혁신을 곧 마음(열정)의 혁신이다. 마음이 변하면 인생이 변한다.

열정을 가꾸어 나가기 위해서는 먼저 냉정하게 자기자신을 되돌아보아야만 한다. 변화를 싫어하는 사람이 자기자신을 되돌아본다는 것은 엄청난 고통이 아닐 수 없다. 왜냐하면 자신을 되돌아본다는 것은 곧 변화를 의미하기 때문이다.

열정과 의욕은 끊임없이 자신의 모습을 되돌아보고, 보다 나은 자신의 모습을 위해 땀을 흘리는 과정에서 더욱 더 뜨거워진다. 노력, 정열, 열정이라는 이름이 훨훨 타오를 때 오늘의 불가능은 내일의 현실이 된다. 열정과 의지는 발전과 도약을 위한 주춧돌이다.

자신의 존재가치, 상품가치를 높이기 위해서는 불타는 열정을 가져야만 한다. 그러기 위해서는 자신을 분석하고, 자신을 계발하고, 혼을 바쳐야만 한다.

자신을 분석하라

• 나는 누구인가

"검토되지 않는 인생은 살 가치가 없다"라고 소크라테스가 말했다. 자신을 안다는 것은 말처럼 쉬운 일이 아니다. 설사 알고 있다고 하더라도 그것은 일부분에 지나지 않는 단편적인 조각그림뿐이다. 같은 해에 입사한 공채동기생들과 경쟁하면서, 자신의 독특한 상품가치를 인정받으려면, 자신을 먼저 알아야만 한다.

그러기 위해서는 자신의 신조와 가치관, 장단점 그리고 성격 등을 냉정하게 분석하고 "나는 누구인가"라는 질문에 자답(自答)해 보아야만 한다.

〈나는 누구인가〉

질문1 : 당신이 좋아하는 것, 싫어하는 것, 잘하는 것, 못하는 것, 가장 하고 싶은 일, 가장 하기 싫은 일, 성격, 태도, 외모 등에 관해 생각나는 대로 빈 종이에 기록해 보시오.

질문2 : 당신의 장점, 단점 그리고 가장 즐거웠던 추억, 지금 당신을 괴롭히는 고민을 기록해 보시오.

질문3 : 만약 앞으로 1주일밖에 못산다고 가정한다면 당신을 무엇을 하시겠습니까?

주어진 질문 3가지에 스스로 답변한 내용을 분석해보면, 당신이 근본적으로 추구하는 신조와 가치관 그리고 장단점이 분명하게 조명될 것이다. 중요한 것은 얼마나 진지하게 '마음의 거울'과 대화를 했느냐 하는 점이다. 실제 거울은 오뚝 솟은 콧날, 잘생긴 입술, 진한 눈썹 등 외형모습만을 보여줄 뿐이다. 성격.특기, 장점, 신조, 가치관 등 내면세계는 눈꼽만큼도 들여다 볼 수가 없다.

자신을 있는 그대로 분석하기 위해서는 마음속 깊숙히 내재되

어 있는 '내면의 거울' 과 진지한 대화를 해야만 한다. 혹시 내면
의 거울이 아닌 '외면의 거울' 과 대화 하신 분은 〈나는 누구인가〉
의 질문에 다시 한번 답해 보라.

〈마음의 거울이 보여주는 나의 모습〉

나의 신조	나의 신조는 ——————————— 이다	
나의 가치관 5가지		
나의 강점과 약점	장점 (강점)	단점(약점)

"과거를 알고 싶으면 현재 인생을 보라, 미래를 알고 싶으면
자신의 현재를 보라"라는 말이 있다. 자신의 현재를 아는 것, 그
것은 미래를 향한 첫단추이다 인생에 있어서 연습이란 없다. 전
후반, 연장전이 없는 오직 1회전이 우리들 인생이다. 자신의 인
생주인공은 자신이 되어야만 한다. 남이 조정하고 알려주는 방
향대로 사는 것은 너무 허무한 인생이다. 자신의 현좌표를 아는
것, 그것은 보다 높은 도약에 필요한 디딤돌이다. 일찍이 소크라

테스가 말한 '너 자신을 알라' 라는 말을 새삼 음미해 보는 것도
좋을 것 같다.

자신을 계발하라

프로는 근성과 열정으로 말한다. 앞으로의 시대는 전문가의
시대이다. 나름대로 전문분야를 인정받아야만 한다. 무언가 세
일즈 할만한 자신의 능력을 갖추지 못하면 경쟁사회에서 도태될
수밖에 없다.

남을 모방하여 인정받던 시대는 지나갔다. 지금은 남과 확연
히 구별되는 나만의 무기, 노하우를 가져야만 한다. 그러기 위해
서는 끊임없는 자기계발과 투자가 필요하다. 계발 중에 가장 중
요한 계발이 '자기계발' 이다. 투자 중에 가장 중요한 투자는 바
로 '자기투자' 이다. 왜냐하면 지금의 시대는 상품을 파는 시대
가 아니라 지식과 능력을 파는 시대이기 때문이다. 자신이라는
상품을 높은 가격에 팔기 위해서는 자신을 끊임없이 계발해야만
한다.

• 강팀과 약팀의 차이점

'들소 야구팀' 과 '젖소 야구팀' 의 통산 전적은 70전 33승 37
패로 호각지세인 영원한 숙명의 라이벌이었다. 하지만 이러한 호
각지세도 김장점 감독이 부임하면서 서서히 무너지기 시작했다.

김장점감독은 젖소 야구팀에 부임하자마자 선수들을 소집해 놓고 프로에 대해 자기의 생각과 철학 그리고 팀 운영에 대한 방향을 설명했다. 김장점 감독이 말한 프로란…, "프로는 아름답다" 라는 광고카피가 있다. 프로는 어려우면 어려울수록 빛을 발하는 사람을 말한다. 평상시에는 그 존재가치를 잘 알지 못하지만, 정말 어려울 때 해결사 역할을 하는 사람을 말한다. 프로는 자기를 믿는 사람을 실망시키지 않고 주어진 일을 완수하는 사람을 말한다. 프로는 넘어지면 앞을 보고, 아마추어는 넘어지면 뒤를 본다. 프로는 실패의 원인을 자기의 과실로 솔직히 인정하는 용기를 가진 사람들이다. 프로는 자신에게 충실한 사람을 말한다. 프로는 하면 된다는 강한 신념과 사물을 긍정적으로 바로보는 눈을 가지고 있는 사람을 말한다. 프로란 작은 일에도 땀과 혼을 바치는 사람을 말한다.

피부색, 언어, 나이, 분야는 각각 다르지만, 인류역사에 빛날 위대한 업적과 인류 발전에 지대한 공헌을 남긴 수많은 사람들의 공통점은, 자신들의 성장과 변신을 가로막는 진정한 적이 누구인지를 분명히 인식하고, 자신의 발전을 위해 끊임없는 노력과 실천을 했다는 점이다. 프로중의 프로, 그것의 밑바탕은 바로 자기관리와 자기계발에 있다. 만약 여러분들이 자기계발을 소홀히 한다면 틀림없이 그에 상응하는 벌을 받게 될 것이다.

김장점 감독은 선수 한 사람 한 사람의 훈련모습을 유심히 지켜보면서 수첩에 깨알같이 열심히 기록했다. 얼마의 시간이 흐른 후 한 사람 한 사람씩 조용히 불러서 면담을 하기 시작했다. "자네는 ○○○점이 매우 훌륭해. 이러한 자네의 장점을 더욱 더 신장시킨다면 휼륭한 슈퍼스타로 발돋움할 수 있을 것 같네. 앞으로 더욱 더 열심히 노력해보게. 또 자네는 xxx점이 장점인 것 같네 조금만 더 갈고 닦는다면 제일인자가 될수 있을 것 같네"라고 선수들과 일일이 면담했다. 다른 감독들은 선수들의 단점을 날카롭게 지적하고 단점 보완을 위해 전력 투구할 것을 주문하는데 반해, 김장점 감독은 장점의 신장을 주문하는 상이한 태도를 취했다. 휼륭한 컨설턴트는 그 기업이 가지고 있는 장점의 극대화 전략을 제시한다고 한다. 성공자는 자신의 단점과 약점 보완보다는 장점의 극대화를 시도한다고 한다. 단점이 수정되는 동시에 그 사람이 가지고 있는 장점도 사라질 확률도 크다. 김장점 감독은 이러한 사실을 알고 있어, 선수들에게 단점 보완보다는 선수 개개인의 개성과 차별화에 포인트를 두고, 장점 극대화를 주문했던 것이다.

진정한 자기계발은 단점보완 보다도, 자신의 장점을 갈고 닦아, 타인과 구별되는 자신만의 차별화 역량을 가지는 것임을 김장점 감독의 이야기는 시사해 주고 있는 것이다. 회사가 매년 일정금액을 신제품 개발에 투자하듯이, 자신의 존재가치 향상을 위해서는 자기자신을 계발해야만 한다. 그러기 위해서는 자신의 장점을 정확히 분석하고, 장점의 극대화를 위해 치밀한 계획과 땀과 노력을 끊임없이 투자해야만 한다. 자신의 약점보다 장점을 바라보고, 자기비판보다는 자신의 성공과 행복을 스스로에게 확신시키는 사람만이 성공한다는 점은 옛날이나 지금이나 변함없는 진리인 것 같다.

<나의 장점과 계발계획서>

장점3가지	① ② ③
자기계발계획서	① ② ③
실천계획서	① ② ③

리엔지니어링 적용은 나부터

리엔지리어링의 창시자인 마이클 해머는 기업이 환경변화에 능동적으로 대응하고 영속하기 위해서는 과거방식에서 완전히 탈피하여 새로운 혁신을 시행해야만 하며, 개선이 통용되는 시대는 이미 사라진 지 오래되었다고 주장하고 있다.

리엔지니어링이 강조하는 기본개념은 기본적으로, 근본적으로, 극적으로 업무를 재설계하는 것이다. '나는 어디를 향해 가고 있는가, 나의 이정표는 어디인가, 무엇을 어떻게 변신할 것인가'를 조명하기 위해서는 자기 자신부터 먼저 리엔지니어링해야만 한다. 누구나 매일 아침 거울을 한 번씩은 본다.

그러나 거울에 비친 내 모습이 어제 본 내 모습과 조금도 변함이 없다면, 어제 하루를 헛살았다고 느껴야 한다. 우리는 내일 아침 거울을 쳐다볼 때 오늘과 다른 나를 발견해야만 한다. 시간의 흐름에 따라 외형적인 변화가 아닌 변화된 내면의 자아를 매일매일 발견해야 한다.

<리엔지니어링>

■ 기본적인 리엔지니어링

· 왜 우리는 지금 이러한 일을 하고 있는가 ?
· 왜 우리는 이 일을 이러한 방법으로 하고 있는가?

■ 근본적인 리엔지니어링

· 현존하는 모든 구조와 절차를 버리고 완전한 새로운 업무처리 방법 모색.
· 업무를 개선하거나 향상시키거나 또는 변경시키는 것이 아니라 다시 만들어내는 것이다.

■ 극적인 리엔지니어링

· 10~20%의 점진적인 변화가 아니라 업무성과를 극적으로 높이는 것이다.

변신을 위한 '나의 리엔지니어링 단계'는 크게 4단계로 나눠 볼 수 있다. 첫번째 단계는 자신의 내부변화이다. 우리는 어린 아이가 육체적으로 발육이 부진하거나 성장에 이상이 있을 때 매우 당황하게 된다. 아이가 말을 할 때가 지난 시점에서 말을 하지 못하거나 걸음마를 해야 할 때 걸음마를 하지 못해도 마찬 가지이다.

자신을 리엔지니어링 하기 위해서는 이러한 외향적인 변화와 성장에 초점을 두지 말고, 내면적인 변화에 역점을 두어야 한다. 왜 이 세상에 존재하는가, 나의 존재목적은 무엇인가, 나는 앞으 로 어떻게 해야만 하는가, 무엇이 달라져야만 하는가 등 내면의 변화를 위한 질문을 먼저 자기자신에게 던져야 한다.

두 번째 단계는 회사내 벤치마킹을 하는 것이다. 나와 경쟁하고 있는 사람과 비교하여 뒤떨어지는 부분을 보완하고 개선해 나가는 것이다. 상하간의 원활한 의사소통, 뛰어난 교섭력, 원만한 성격 등 경쟁자의 더 나은 점을 본따 경쟁자와 같은 수준으로 변화하는 단계이다.

이 세상 모든 것은 우리의 스승이다. 내가 보고 듣고 느끼는 것, 모두가 내가 배워야 할 스승들이다. 풍부한 삶의 경험을 가진 노인에게는 삶의 지혜를 배울 수 있고, 어린아이에게서는 흰 눈처럼 깨끗한 마음과 호기심을 배울 수 있다. 산악인에게 더 강한 도전정신을 배우며, 링위에 서 있는 선수에게서는 승부의 냉정함을 배울 수 있다. 변신의 옷을 입기 위해서는 언제,어디서나,누구에게나 배우겠다는 마음자세가 무엇보다도 중요하다.

책에서 배운 것만으로는 부족하다. 관심을 가지고 사물을 관찰하면, 박사학위를 몇 십 개 딴 사람보다 지혜로운 삶을 살 수 있다.

세 번째 단계는 사회적으로 저명한 사람을 벤치마킹하는 것이다. 사회적으로 본인이 맡고 있는 분야의 저명한 사람과 비교하여, 그 사람의 일상생활을 본받아보는 것이다. 윌리엄 제임스는 만일 당신이 어떤 사람과 같이 되고 싶으면 그 사람처럼 행동하면 된다고 했다. 어떤 농구선수는 마이클 조던처럼 되고 싶다고 해서 마이클 조던에 관한 것이라면 무엇이든 모으고, 읽고, 연습을 했다고 한다. 저명한 사람과 비교하여 부족한 점이 무엇인지를 냉정하게 분석하고, 노력하면 더 한층 성숙한 나를 만들어 나갈 수 있다. 그러기 위해서는 다음과 같은 행동이 필요하다.

첫째, 구체적으로 어떤 사람이 될까를 결정할 것.

둘째, 그 어떤 사람처럼 행동할 것.

셋째, 그 어떤 사람의 이미지를 유지하려고 노력할 것.

넷째, 그 어떤 사람처럼 되고 있다고 계속적으로 암시하고 긍정
  할 것.

　네 번째 단계는 세계화 단계로의 변화이다. 더 높은 차원으로
시야를 돌려보고 구호에만 그칠 세계화나 마음만 앞서는 세계화
가 아닌, 세계화의 주역, 주도자가 되기 위해 무엇을 할 것인지
를 분석해 보는 단계이다. 자기자신을 리엔지니어링 한다는 것
은 자기자신의 새로운 창조를 의미한다. 새로워진다는 것은 기
존질서나 가치체계의 변화내지 파괴를 의미한다. 창조는 항상
고통과 희생을 요구한다.

　변신하지 않는 기업, 변혁하지 않는 사람이 차지할 공간은 점
점 더 좁아지고 있다. 새로운 물결을 앉아서 기다리는 것이 아니
라 과감히 정면에서 맞서 주도할 수 있는 사람만이 찬란한 미래
를 맞이할 수 있다.

뜨거운 열정으로 자신을 감싸라

• 마음을 화장하라

　사람들은 목표을 세워 놓고 정말 그 일이 이루어질 수 있을까
고민한다. 성공의 환희보다는 실패했을 경우를 먼저 떠올린다.
그리고 실패했을 때 "거봐 내가 뭐라고 했어 실패한다고 했잖

아"하면서 실패를 당연한 것으로 받아들인다. 일을 추진하기도 전에 실패를 먼저 예견하는 것이다. 이렇게 되면 일할 의욕도 열정도 소멸되어 버린다.

열정은 '하면 반드시 된다' 라는 자기암시를 통해 더욱 더 강하게 타오른다. '하면 된다' 라는 강한 열정은 연구를 하게 하고, 또 목표에서 벗어나게 되면 '왜 안되는 것일까' 라는 원인을 분석하게 만들어 준다. 그래서 끝내 해결책을 찾아 목표에 도달하게끔 한다. '하면 된다' 라는 적극적 사고와 자기암시가 일의 성패를 결정짓는다. 성공과 실패의 분수령, 그것은 우리들이 어떤 한 삶의 철학을 가지고 있느냐에 따라 전적으로 결정된다.

사람이 노쇠해지는 것은, 정신적으로 성장하는 것을 포기했을 때 일어난다. 사람은 결코 실패하지 않는다. 다만 포기할 뿐이다. 포기하는 것보다 더 나쁜 것은 시작하기를 두려워 하는 것이다. 정신연령(열정)은 실제연령보다 더욱 더 중요하다. 열정이 없는 곳에 발전과 진보의 씨앗은 뿌리를 내릴 수가 없다.

일단 자신감을 가지고 '하면 된다' 라는 긍정적인 생각을 하게 되면, 모든 열정과 행동이 긍정적으로 모아지게 된다. '하면 된다' 라는 자기암시는 일의 완성과 자신의 발전에 있어 없어서는 안될 필수요소 중의 필수요소이다. 나폴레옹이 일찍이 "나의 사전에 불가능이란 말은 없다"라고 한 말을 우리들 삶의 철학으로 삼을 때 보다 나은 자신의 모습을 발견할 수 있을 것이다.

교교야구는 프로야구가 생기기 전에 많은 사람들로부터 사랑받던 인기 경기 중의 하나였다. 기량은 아직 미숙하지만 한 순간 한 순간, 최선을 다하는 어린 고등학생들의 모습에서 열정과 의욕의 열기를 느낄 수 있었다.

고교야구 팀중에 유독 역전을 잘하는 팀이 있었다. 이 고교야구팀은 9회말 투아웃에 1~2점 뒤진 상황, 거의 패배가 결정되어진 그 순간, 엄청난 응집력을 발휘하여 경기의 승패를 단숨에 역전시키곤 했다.

강한 팀인지, 약한 팀인지는 그 팀 선수들이 경기에 임하는 태도를 보면 금방 알 수 있다. 강한 팀의 선수는 좀처럼 물러나지 않는다. 비록 삼진을 당하더라도 당할 때까지 상대방 투수를 끝까지 물고 늘어져 한 개라도 더 던지게 만들어 에이스 투수를 지치게 만든다. 강한 팀의 선수는 평범한 내야 땅볼을 치고도, 있는 힘을 다해 비호같이 1루로 달려간다. 그야말로 사력을 다한 질주 그 자체이다.

강한 팀을 결정하는 근본적인 요소는, 최후의 순간까지 최선을 다하는 마음, 위기를 기회로 승화시키고야 말겠다는 강인한 승부정신, 물러설지 모르는 임전무퇴의 결의 등이다. 우리 인생도 마찬가지이다. 실패와 좌절, 성공과 환희의 굴곡이 우리들을 기다리고 있다. '인생의 역전명수'가 되기 위해서는 매순간 진지하게 최선을 다해 살아가야만 한다. 또한 어려움이 크면 클수록 도전하는 강인한 승부사의 기질을 가져야만 한다. 그러기 위해서는 자신의 나약한 마음과 의지를 관리해야만 한다. 우리들을 가로막는 나약한 의지와 마음을 용납해서는 안된다. 당신은 당신 자신의 인생을 역전시킬 수 있는 능력과 열정을 가지고 있다. 다만 당신의 열정을 불태우지 못했을 따름이다.

• 투혼의 복서

1982년 전도 유망한 23세의 한 사나이가 링 위에서 꽃다운 젊음을 마감했다. 그 복싱선수는 출국직전 가진 기자회견에서 "관을 하나 준비했습니다. 제가 죽든지, 상대선수가 죽든지 둘 중 하나가 될 것입니다"라는 말을 남겼다.

전문가들은 절대 불리, 절대 열세라는 의견을 내놓았지만, 이 선수는 승리에 대한 확신과 강인한 신념, 불타는 열의를 가지고 있었다. 결전의 순간 이 젊은 선수는 전문가의 의견이 무색할 정도로 한 순간 한 순간, 강인한 파이팅을 보여주었다.

한 마디로 치열한 난타전 그 자체였다. 그러나 운명의 장난인지 이 선수는 14회 상대선수의 강한 주먹에 의해 링위에 쓰러졌다. 하지만 이 선수는 끝까지 포기하지 않고 다시 경기를 하기 위해서 비틀거리면서 일어나려고 안간힘을 다했다.

이것이 이 선수의 마지막 모습이었다. 경기 직후 병원에 실려 간 이 젊은 권투선수는 다시는 이 세상의 빛을 보지 못했다. 14회 이전 라운드에 이 권투선수는 이미 신체적으로는 죽음의 문턱에 들어간 상태였다. 하지만 그의 정신, 열정은 너무나 뜨겁게 달아오르고 있었다. 세계챔피언이라는 자신의 목표 쟁취를 위해

죽음의 고통을 물리친 권투선수. 그 권투선수의 이름은 김득구이다. 김득구선수는 배우지 못한 한을 풀기 위해 어려운 여건에 굴하지 않고 독학으로 고등학교 검정고시에 도전하여 합격했다. 23세라는 젊은 나이에 생을 마감한 김득구 선수를 통해 우리들은 무엇을 생각해야만 하는가? 비록 이 권투선수는 우리곁을 떠났지만, 그의 불타는 집념과 열정은 귀감이 되고 있다. '혼'이 깃들인 '열정'만이 사람들을 감명시키고, 변신시킨다는 사실을 이 젊은 권투선수는 우리들에게 이야기해 주고 있다.

어떤 분야든지 정상에 우뚝 선 사람들의 공통점은, 어려운 여건과 환경에 쓰러지지 않고, 불타는 투혼과 열정으로 자신의 가진 모든 정열을 소진했다는 점이다. '열정'은 단순히 듣기 좋은 이야기가 아닌 인생을 살아가는 한 방법이다. '열정'은 '존재하는 것(Being)'을 '살아 있는 것(Living)'으로 바꾸어 버리는 마법의 불꽃이다. 열정은 무언가가 부진할 때 가장 좋은 강장제이다. 또 열정은 하고자 하는 일이 뜻대로 되지 않을 때 해결로 인도해 주는 만능의 영약이다. 자기자신의 능력을 넓히려 할 때 도움을 주는 것은 열정뿐이다. 능력계발 이전에 열정의 불꽃을 먼저 타오르게 해야만 한다. 왜냐하면 열정없이 이루어진 위대한 것은 하나도 없기 때문이다.

10. 일에 승부를 걸라

'터' 중에 가장 중요한 터는 '일터'이고, 자리 중에서 가장 중요한 자리는 '일자리'이다. 일은 사람을 위대하게도 만들수 있고, 사람을 초라하게도 비참하게도 만들 수 있다. 일을 대하는 자세와 태도를 기준으로 사람의 유형을 분석하면 4가지 유형이 있다. 첫째, 일을 주도적으로 끌고 가는 사람 (주도형) 둘째, 일을 주도적으로 끌고 가지는 못하지만, 시키는 일은 책임지고 완수하는 사람 (수동형) 셋째, 주도적 능력도 없고, 주어진 일도 제대로 못하는 사람 (낙후형) 넷째, 아예 일을 하려고 하지도 않는 사람 (인생포기형). '주도형' 사원이 되기 위해서는, 자신의 일에 열정과 혼을 바쳐야만 한다. 열정과 혼이 있는 곳에 창의와 개선이 찾아든다. 창의와 개선, 그것은 혼과 열정의 부산물이다.

혼과 열정을 가지기 위해서는 자기 일에 최선을 다하는 프로정
신과 스스로 일을 창출하는 자율경영, 그리고 늘 연구·개선하
는 자세가 필요하고, 무엇보다도 자기가 맡은 일을 확실하게 정
리하는 끝마무리 정신이 있어야 한다.

자기 일에 최선을

• 3명의 신입사원

교육학, 경영학, 경제학을 각각 전공한 길식, 영식, 홍식이는
청운의 꿈을 안고 '세계화 주식회사'에 입사했다. 학창시절 학
구파로 알려진 세 사람은 뚜렷한 가치관을 가지고 있었다. 남다
른 열정과 일에 대한 포부가 확실한 신입사원들이었다.

하지만 한 달의 시간이 지난 후 세 사람에 대한 평가는 너무나
큰 격차를 보이고 있었다. 입사 후 1주일이 지난 어느날 선배사
원이 자료 복사를 길식이에게 부탁했다. 자료복사를 부탁받은
길식이의 표정은 그야말로 실망 그 자체였다. 자료 복사를 부탁
한 선배사원이 금방 알아차릴 정도로 실망감을 역력하게 드러
냈다.

"내가 이런 보잘것없는 일을 하려고 비싼 등록금을 주면서 학
교를 다니지는 않았다. 보다 창의적이고 기획적인 업무를 하고
싶은데…" 라는 길식이의 속마음이 얼굴에 그대로 나타났다.

영식이는 자료복사 부탁을 받았을 때, 무덤덤한 표정이었다.

선배사원의 부탁이니까 당연히 해야 된다는, 일종의 의무감 차원에서 일을 처리했다. 반면에 홍식이는 밝은 표정으로 "예, 알겠습니다"라는 명쾌한 말과 함께 복사실로 갔다.

2부를 복사하여 1부는 선배사원에게 주고, 다른 한 부는 꼼꼼하게 읽었다. 그리고 며칠 후 그 선배사원에게 그 자료에 대한 주요내용과 궁금증을 질문했다.

회사생활을 하다보면 이외로 길식이와 같은 신입사원들이 많다. 작은 일, 사소한 일을 무시하고 거창하고 화려한 큰 프로젝트 일만 하려고 한다. 작은 일에 자기의 열정을 바치지 않으면 큰 일을 할 수가 없다. 큰 일은 작은 일에서부터 시작되는 법이다. 사소한 것을 놓치지 않고 개선하고자 하는 노력과 그 노력을 행동으로 이어갈 수 있는 실천력이 있을 때 사람은 발전할 수가 있다. 작은 일도 진지하게 처리하고 자기 일에 최선을 다하는 혼과 열정은 기업이라는 세계에 몸담고 있는 비즈니스맨이 갖추어야 할 기본중의 기본일 것이다.

• 돈을 받을 수 없는 단 한 가지 이유

일본의 유명한 가락국수로 음식점에서 있었던 일이다. 가락국수를 주문했는데 주인이 맛을 보고는 손님에게 다가와 주방장이 결근을 하여 주방보조가 조리를 하였는데 국물맛이 제대로 나지 않으니 모밀국수를 들면 어떠냐고 물어보는 것이었다.

'자기 음식점의 음식맛을 유지하느라고 신경을 많이 쓰는구나' 생각하고, 대신 가져온 모밀국수를 맛있게 먹었다. 계산을 하려고 하였더니 주인이 다가와서 손님께서 주문하신 가락국수를 내놓지 못했으므로 돈을 받을 수가 없다는 것이었다. 정말 놀라운 정신이었다. 이것이 바로 한 가지 일에 목숨을 걸고 열심히 일하는 일본인의 정신이다. 도요토미 히데요시가 젊은 무사시절 장군의 신발을 추운 겨울날 가슴에 품어 따뜻하게 했다는 일화는 일본인의 뿌리깊은 완벽주의의 일면을 보여주는 것이다. 조그마한 일에도 혼을 바치는 정신, 열심히 하고자 하는 완벽주의 정신, 이것이 바로 오늘의 일본을 만든 가장 큰 원동력이다. 작은 일을 가볍게 생각하고, "이 정도쯤이야" 하는 안일한 사고방식은 빨리 허물어 버려야만 한다. 품질의 우수성은 조직구성원들이 자기업무에 얼마나 혼과 열정을 바치느냐에 전적으로 달려 있다.

자기 일에 최선을 다하는 사람은 아름답다. 자기 일에 땀을 바치는 사람은 아름답다. 자신의 목표달성을 위하여 혼과 열정을 바치는 사람은 아름답다. 나부터 내 일에 혼과 열정을 다하는 아름다운 사람이 되어야만 하지 않겠는가? 조직생활에서 양보할 수 없는 단 한 가지가 있다면 그것은 주어진 일에 최선을 다하는 혼과 열정일 것이다.

일의 주인이 되라

• 일을 즐기라

일의 주인이 되기 위해서, 일에서 보람을 얻기 위해서는 어떻게 해야만 하는가? 일의 주인이 되기 위해서는 스스로 뛰어들고 참여하는 자세가 필요하다. 자신이 주인이라는 생각을 가지고 스스로 일을 찾아서 해야 한다. 어떤 사람은 상사가 시키는 일만 한다, 일은 연구하고 창조하여 스스로 만들어 가는 것이지 주어지는 것이 아니다. 시키는 일만 하는 사람은 언제까지나 일의 노예에서 벗어나지 못한다.

축구, 야구, 농구 등 구기종목 경기에서 경기의 승패를 좌우하는 것은 감독, 코치가 아니라 바로 선수들이다. 급박하게 전개되는 경기장에서 일일이 감독, 코치의 지시를 받아서 경기를 할 수는 없다. 감독이 지시한 전략과 전술을 선수들이 환경에 맞게 자율적으로 판단하여 대응할 수밖에 없다.

주인의식을 갖고 일한다는 것은 자기가 하고 있는 일이 회사 경영의 중요한 한 분야라는 자긍심을 가지고, 스스로 자기 일을 해나가는 것을 의미한다. 이를 위해서는 농구의 올 코트 프레싱처럼 전원이 자발적으로 참여하는 자율경영이 무엇보다도 필요하다. 이제는 위(상사)만 바라보고 업무를 진행하는 타율적 자세로는 더 이상 생존할 수가 없다. 스스로 자율적으로 판단하여, 주어진 여건에서 최적의 해결안을 도출하여 업무를 처리하는것이 자율경영인 것이다.

• 어려운 일을 회피하지 말라

처리하기에 부담스러운 어려운 일을 수행해야만 할 때, 가급적이면 회피하고 싶은 것이 보통사람들의 마음이다. 큰일과 맞서야만 한다. 작은 일은 사람을 작게 만든다. 어려운 일을 목표로 해야만 한다.

어려운 일을 이루어 내는 곳에 진보가 있다. 일을 끌고가라. 끌고가는 것과 끌려가는 것은 엄청난 차이가 있다. 계획을 세우라. 장기적인 계획을 갖고 있으면 여유와 희망이 생기고 인내심도 생긴다. 어려운 일을 회피해서는 1인자가 될 수 없다. 어렵고 힘든 일은 당신을 성장시키는 촉매이다.

어렵고 복잡한 일을 처리할 때 종이 한 장을 꺼내어, 좌측면에 그 일의 본질과 문제점을 나열하고, 우측면에는 해결방안을 기록해 보라. 그러면 어려운 일도 어느 정도 윤곽이 잡힐 것이다. 어려운 일을 하나 하나씩 해결해 나갈 때 희열과 성취감을 느낄 수 있으며, 결국 그 일을 완성했을 때 당신은 정신적으로 성장하는 것이다.

어려운 일을 회피하지 말고, 종이에 적어보라. 무엇이 문제이고, 지금 내가 할 수 있는 대응방안은 무엇인지를 기록해 보라.

수행과제명:	
① 일의 본질:	③ 해결방안:
② 문제점:	④ 검토사항:

그러면 미처 생각치 못했던 당신이 시도할 수 있는 수많은 방안
들을 발견할 수 있을 것이다.

〈일의 본질과 해결방안 정리표〉

일의 본질 : 어떤일을, 언제까지, 얼마의 예산으로, 어떤 방법으로
처리해야만 하는가.
현상문제점 : 일의 본질을 가로막는 장애물은 무엇인가.

끝마무리는 확실하게

• 아버지와 아들

옛날에 짚신장사를 하는 아버지와 아들이 있었다. 아버지는
호후 3~4시경이면 짚신을 다 팔아 하루 일과를 정리하는데, 아
들은 항상 재고를 20%씩 안고 하루 일과를 끝냈다.

아들이 아버지에게 그 비결을 물었지만 스스로 깨우치기를 원
하는 아버지는 아들에게 그 비결을 알려주지 않았다.

그 비결은 아버지의 유언을 통해 아들에게 전수되었다. 아들
에게 들려준 아버지의 유언은 단 한 단어 '떨떨'이었다. 짚신을
만들 때, 다 만들고 난 후 짚신에 묻은 지푸라기를 철저하게 끝
마무리하라는 것이었다.

경쟁력은 흐르는 물과 같다. 가격에서 품질로, 품질에서 시간

으로, 시간에서 디자인 등으로 계속해서 흘러가고 있다. 하지만 경쟁력을 좌우하는 가장 큰 밑바탕은 바로 '완벽주의'이다. 시대와 상황, 환경 등은 계속해서 변하지만, 변하지 않는 것이 있다면 그것은 바로 자기자신에 충실한 자만이 성공의 환희를 맛볼 수 있다는 사실이다.

● 일일업무결산제도

조그만한 구멍가게 주인도 손익을 파악하기 위해 정기 재고조사를 하듯이 우리들도 일을 처리할 때 스스로 일의 진척상황을 점검해 보아야만 한다. 어떤 일은 진척비율이 50%이고, 무엇이 문제이고, 앞으로 어떻게 해야만 하며, 또 어떤 일은 진척비율이 99%라서 조금만 더 시간을 투자하면 완결할 수 있다는 점등을 결산해야 한다.

완벽한 끝마무리와 진척상황을 스스로 관리하기 위해서는, 퇴근 시간 전에 조용하게 그날의 업무를 결산해 보아야만 한다. 오늘 내가 하고자 스스로 작성한 업무내용 중에서 완벽하게 끝낸 일은 무엇이며, 내일중으로, 금주안에 처리해야만 하는 일은 어떤 것들이 있는가 등을 자율적으로 점검·평가할 필요가 있다.

이러한 일일 업무결산제도가 습관화되면, 일의 진척사항 전체를 파악할 수 있어 스스로 업무계획과 관리를 할 수 있다. 일을 허겁지겁 하고 일에 끌려가는 사람이 있는가 하면, 차분하게 계획적으로 하는 사람도 있다. 이 양자의 차이는 '자율점검·결산'에 얼마나 충실했느냐에 의해 결정된다고 보아야만 한다. 주어진 시간에 주어진 일을 완벽하게 끝마무리 하기 위해서는, 냉정하고 꼼꼼하게 그날 추진한 업무내용을 분석해 보고, 내일 무엇을 해야만 하는지를 계획하는 그런 깨어 있는 사원, 계획적인 사원, 자기에 충실한 사원이 되어야만 한다. 하루 한 번씩 자신을 돌아본다는 것, 그것이 바로 발전과 혁신의 시작이 아닐까. 지금부터 스스로의 일을 자율적으로 점검하고, 반성하고, 고민하고 개선하는 그런 멋있는 사원, 자신에게 충실한 사원이 되어보자.

제 3장
잠자는 코끼리보다
발로 뛰는 토끼가 낫다

11. 실천을 가로막는 장애물

실천의 필요충분조건

'입성실, 손성실, 발성실'은 변신과 실천을 위해 우리들이 갖추어야 할 기본요건들이다. '입성실'이라 함은, 문제점을 정확하게 인식하고 개선을 위해 자기의 의견을 상대방과 끊임없이 대화하고 고민하는 것, 어려울 때 큰 위안이 되어준 고마운 사람들에게 감사의 마음을 전하고, 하늘이 내려준 은혜에 감사하는 것을 말한다. '입성실'은 남을 험담하고 비웃고 욕하는 부정적인 측면을 의미하는 것은 결코 아니다. 주위를 따뜻하게 해주는 감사의 마음과 무엇인가를 개선하고 변화시키기 위해 끊임없이 자신과 대화하는 것을 말한다.

말이 행동(실천)보다 앞서는 것만큼 신뢰감을 상실하는 것은 없다. 자신과 타인의 가슴에 아픔과 고통, 의욕을 겪는 부정적인 말 한 마디는 원자폭탄보다 더 강력한 위력을 발휘한다. 자기자신과 어떻게 대화하느냐에 따라 인생의 그림이 달라진다. 긍정적이고, 고마운 마음, 개선하고자 하는 마음이 가득한 말(입성실)이 우리들을 변신시키고 실천가로 탈바꿈시킨다.

'손성실'은 더 나은 발전 내지는 현상유지를 위해 문제점을 분석하고 기획하는 것, 고장난 것을 고치는 것, 주위 사람이 어려움과 곤경에 처해 있을 때 진심으로 격려와 원조의 손길을 보내는 것을 말한다. '손성실'은 '입성실'의 후속타자다.

감사의 마음이 담긴 편지를 직접 쓰는 것, 더러운 곳을 깨끗하게 닦는 것, 가려운 곳을 긁어주는 것, 이 모두는 '손'의 몫이다. 이렇게 볼 때 '손성실'은 완벽한 실천가로 탈바꿈하기 위한 제2의 충분조건이라고 볼 수 있다.

입성실, 손성실은 실천과 변신을 위한 충분조건이고 발성실은 없어서는 안될 변신의 필요조건이다. 아무리 거창한 계획, 아무리 멋진 구호, 아무리 감동적인 말이라도 실천하지 않으면 의미가 없다. 액자속에서 잠자고 있는 멋진 전략과 혁신계획도, 총수의 강렬한 설명과 호소도 구성원들이 따라주지 않으면 열매를 맺을 수가 없다. 모든 개선과 창조는 발성실(실천)의 무게와 빈도에 의해 판가름 난다. '입성실, 손성실'은 보통사람이라면 누구든지 할 수 있다. '발성실'은 의지와 노력, 땀, 인내, 고통을 수반하기 때문에 끝까지 전진하는 사람은 많지 않다. 난관의 극복, 성공, 변신은 바로 이 '발성실'의 차이 (무게·빈도)에 기인하는 것이다. 창조하는 것보다 더 큰 기쁨은 없다. 창조하는 사람 이외는 살아있는 사람이 없다. 그밖의 모든 생명은 무심하게 지상에 떠 있는 그림자에 불과하다. 연애든 재능이든 사업이든 삶의 모든 기쁨은 창조에 있다. 우리 삶의 궁극적인 목적인 창조를 하기 위해서는 성실해야만 한다. 특히 발이 얼마나 성실하냐에 창조의 무게와 색깔은 달라진다.

실천의 장애물

• "괜찮다"는 안일한 생각

외국사람이 한국에서 가장 많이 듣고 또 이해하기가 어려운 단어가 바로 "괜찮다"는 말이라고 한다. 상당 기간이 지난 후에야, 이 애매한 말의 의미를 이해한다고 한다. 우리주변을 한 번 되돌아보자. 그러면 얼마나 이 말이 우리 생활 깊숙히 침투되어 있는지를 쉽게 알 수 있을 것이다.

새로운 제도, 새로운 규정이 생기면 빠져나갈 방법부터 생각하고, 규칙을 어기는 것을 자랑스러워 하고, 준수하면 오히려 바보 취급받는 것이 오늘 우리의 현실이다. 이 모든 것은 '나 하나쯤, 그 정도쯤은 괜찮다' 는 뿌리깊은 잘못된 습성에 기인한다. 남보다 빨리 식사하고 휴식시간을 더 많이 가지기 위해, 몇 분 일찍 자리를 비우는 사원에게, 아직 점심시간이 몇 분 남았다고 이야기하면 "몇 분쯤 어때요. 괜찮아요"라고 오히려 큰소리 치는 것이 우리들의 현모습이 아닐까? 회의시간에 5분 늦게 오는 것이 통용되고 괜찮다고 생각하는 조직문화에서 과연 경영혁신이 이루어질 수 있을까? 설사 이루어진다 해도 그것은 외형상의 변화 내지는 한 순간에 '허물어지는 모래성에 불과한 성과일 뿐이다. 진정한 변혁자, 실천자가 되기 위해서는 자신에게 엄격해야만 한다. 자신의 마음을 다스려야만 한다. 괜찮다는 생각에 마침표를 찍어야만 한다. 괜찮다고 생각하는 마음에 개선과 실천이 차지할 공간은 없다. 실천과 변신의 시작, 그것은 약속된 사항을 스스로 자율적으로 지키는 것에서부터 시작된다. 그러기 위해서는 괜찮다는 생각을 빨리 허물어 버려야만 한다

• 결단을 내리지 못하는 마음

네 번의 결단 : 인생을 살아가면서 보통 네 번의 큰 결단을 한다고 한다. 그 첫 번째 결단은 학교를 선택하는 것이고, 직업·직장을 선택하는 것이 두 번째 결단이며, 세 번째 결단이 배우자를 선택하는 것이라고 한다. 그리고 마지막 네 번째 결단은 자기사업을 하고자 하는 독립의 결단이라고 한다. 이중에서 가장 중요한 결단이 바로 네 번째 결단인 '독립의 결단'이라고 한다. 왜냐하면 이것은 인생의 항로를 완전히 수정하는 중대한 결단이기 때문이다. 이외에도 우리들은 매일매일 크고 작은 문제들에 대해 결단을 내려야만 한다. 인생은 결정과 결단의 연속 그 자체이다. 오늘은 어떤 옷을 입을 것인가, 어떤 음식을 주문 할 것인가, 퇴근 후에 무엇을 할 것인가 등 매 순간마다 결정과 결단을 해야만 한다.

결정과 결단은 신중해야만 한다. 왜냐하면 결정과 결단은 최후의 선택이기 때문이다. 결정과 결단이 신중해야 한다는 사실에 대해 이의를 제기할 사람은 없을 것이다. 그렇지만 진정한 변신자가

되기 위해서는 신중함과 우유부단의 한계를 명확히 구분하는 자세가 필요하다. 시기를 놓친 경영전략, 혁신계획 등은 종이 조각에 불과할 따름이다. 실패의 가장 큰 원인은 신중함이 지나쳐 우유부단해져서 시기를 놓치는 것이라고 한다.

신중함과 우유부단의 명확한 한계를 인식하여, 시기를 놓치지 않는 과감한 결단이 정말 필요한 시대이다.

간과되고 있는 재고 : 우유부단하고 무능하다고 불리지 않기 위해서는 결단과 행동력이 뒷받침 되어야만 한다. 회사의 경영이나 관리에 있어서도 결단이 매우 중요하다. 의사결정과 결단을 어떻게 정확히 빨리 하느냐 하는 여부가 기업의 승패와 경쟁력을 좌우한다. 하나 우리들은 때때로 결단과 선택이라고 하는 능력이 애초에 없는 것처럼 우유부단한 경우가 많다. 무능, 도태, 몰락이라고 불리는 것의 대부분 원인은 바로 이 우유부단함 때문이다. 급변하는 시대, 시시각각 변화하는 시대에 적응과 변신을 위해서는 환경변화를 정확히 꿰뚫어볼 수 있는 예리한 눈과 날카로운 결단이 필요하다.

또한 전진이라는 실천력도 필요하다. 몰락하는 기업에서 쉽게 찾아볼 수 있는 사실 중의 하나가 바로 의사결정과 결단력이 없다는 점이다. 관리자나 경영자가 자기책상 위의 결재서류를 이유없이 쌓아 놓아 의사결정을 지연하는 것은 공장의 원재료가 이리저리 무질서하게 방치되어 있는 것과 마찬가지이다. 많은 사람들은 재고관리에는 예민한 반응을 보이나, 의사결정, 결단의 재고에 관심을 가지는 사람은 드물다. 왜냐하면 의사결정 지연은 눈에 보이지 않기 때문이다. 특히 의사결정은 리더의 중요한 책무 중의 하나이다. 의사결정과 결단은 최후의 선택이기 때문이다. 기업이윤을 좀먹는 진짜 원흉은 작업지연이 아니라 의사결정의 지연이다. 이것도 저것도 아닌 의사결정의 방치야말로 기업이윤을 좀먹는 진짜 원흉이다. 변신, 성장을 위해서는 우물쭈물해서는 안된다. 망설이는 사이에 우리곁에 찾아온 기회는 지나가 버리고, 시기를 놓친 결단은 불행만 초래할 뿐이다. 우물쭈물 하는 사이에 우리 인생의 대부분은 쓰레기로 가득 차 버린다. 변신, 실천을 위해서는 결단을 내려야만 한다. 그리고 결단을 내린 이상 과감히 실천해야만 한다. 굳센 의지와 힘찬 실천으로 무장된 사람을 막을 길은 세상에 없다. 자, 결단을 내리자. 그리고 힘차게 출발과 전진의 시동을 걸어보자.

• 사소한 것을 무시하는 태도

"큰일에는 진지하게 대하지만 작은 일에는 신경쓰지 않는 게 당연하다고 생각하는 것, 몰락은 언제나 여기서 시작된다"라고 헤르만 헤세는 말했다. "얕은 곳을 보고 깊은 곳을 안다. 이는 지혜의 근본이다" 라는 말도 있다. 작은 일, 사소한 일을 소홀히 다루는 데에서 항상 붕괴는 찾아온다. 와르르 와르르 일어나는 각종 대형참사들은 작은 일, 사소한 일을 무시하는 대가가 얼마나 큰 것인지를 잘 보여주고 있다.

현대의 시대를 '자아상실의 시대' 라고들 한다. 남이 나를 어떻게 생각할까, 나의 이미지는 어떤 색깔인가, 남이 나의 능력을 어떻게 평가하고 있는가 등 현대인들의 생활기준과 가치가 바로 상대방을 인식하고 보다 좋은 평가를 받는 데 있다고 한다. 남에게 나의 능력을 인정받고, 칭찬받고 좋은 이미지를 주기 위해 거창함과 화려한 자리, 권력에 대한 집착, 성과가 바로 눈에 보이는 일들만 추구하려는 경향이 너무 강하다. 시냇물이 모여 강물이 되고, 강물이 넓은 바다를 이루듯이 모든 일의 시작은 작은 일, 사소한 일에서부터 시작된다. 약속시간에 5분 늦게 도착하는 것을 당연하다고 생각하는 것, 그까짓 5분쯤 뭐 그렇게 생각하는냐 하는 마음, 정리정돈이 조금 안되면 어떠냐 생산만 잘 하면 되지 하는 안일한 생각, 볼펜 한 자루, 종이 한 장, 물 한 컵 등을 낭비하는 것을 사소한 것으로, 당연한 것으로 받아들이는 풍토 속에서는 혁신과 실천이 뿌리를 내릴 수가 없다.

지금 많은 기업들이 경영혁신을 추구하고 있지만, 성공하는 기업은 드물다. 왜냐하면 사소한 것을 무시하고 거창함과 화려함을 추구하기 때문이다. 진정한 혁신과 실천은 바로 사소한 일에도 혼과 땀을 바치는 마음에서 시작된다. 혁신과 실천을 가로막는 두터운 장애물을 타파하기 위해서는, 사소한 것을 무시하는 마음과 가치관부터 먼저 제거해야만 한다.

실천지수를 높여라

자동차를 운전하기 위해서는 시동을 걸어야만 한다. 아무리 좋고 비싼 자동차라 할지라도 시동(실천)이 걸리지 않으면 쓸모없는 기계덩어리에 불과하다. 마찬가지로 실천하지 않는 결심,

액자 속에 잠자고 있는 계획은 쓰레기일 뿐이다.

머리(지혜)가 나쁜 것에 대해서는 걱정들을 많이 한다. 하지만 '실천력'이 결여되는 것에 대해서는 별로 걱정을 하지 않는다. 진정한 혁신을 이루기 위해서는 실천력, 성실성이 뒷받침되어야만 한다. 실천력, 성실성이란 말과 행동을 일치시키고 시작부터 끝까지 일관성을 유지하며, 어려움이 닥쳐오면 닥쳐올수록 마음의 에너지를 폭발시켜 반드시 자신이 추구하는 목표를 향해 노력과 정성을 다 바치는 모습을 말한다. 실천력은 모든 분야에서 요구되는 가장 1차적인 요건이지만, 특히 기업은 이 실천력을 절실히 필요로 하고 있다.

왜냐하면 기업은 강렬한 땀이 배어있는 삶의 현장인 동시에, 실천과 노력없이는 그 어떠한 성과도 얻을 수 없는 실천의 장, 행동의 장이기 때문이다. 이렇게 볼때 지혜(지능)는 입사를 위해 필요하지만, 승진과 출세를 위해서는 실천(행동)이 필요함을 알 수 있다. 자신을 새롭게 창조하기 위해서는 미래를 보는 날카로운 눈과 이를 실천하고자 하는 뜨거운 열의, 그리고 어떠한 어려움과 난관이 닥쳐와도 굴복하지 않는 강인한 도전정신, 실천력이 필요하다. 마음속에 머리속에 맴돌고 있는 좋은 생각, 계획, 아이디어들을 묻어 두지 말라! 진정한 변신자는 실천하는 자이다. 실천하라. 지금이 실천할 때다. (Do Action Now!) 실행하라, 행동하라, 그리고 또 실천하라. 달리면서 생각하고, 생각하면서 달려라.

12. 자기혁신은 기본부터

바람과 태양

바람과 태양이 내기를 했다. 길 가는 나그네의 옷을 누가 벗길 수 있는지 시합을 하자는 것이었다. 바람이 먼저 나서서 있는 힘을 다해 찬바람을 불었다. 나그네는 찬바람이 불면 불수록 옷깃을 여미어 결국 바람은 나그네의 옷을 벗기는 데 실패하고 말았다.

태양 차례가 되었다. 태양은 자기 몸을 불태워 나그네에게 점차 더위를 느끼게 해서 마침내 나그네가 옷을 벗도록 만들었다. 나그네의 옷(변신의 암적요인)을 벗기기 위해서 자기몸을 불태우는 태양과 같은 마음, 즉 자기자신이 변신의 주체자, 문제해결의 주도자가 되는 자기혁신이 무엇보다도 절실히 필요하다. 수많은 혁신 중에서 가장 힘든 것이 바로 자기혁신이다. 왜냐하면

이 세상에서 정말 어렵고도 힘든 것이 바로 자신을 알고. 자신을 변화시키는 일이기 때문이다. 우리들은 운명과 주어진 여건과 싸우는 것이 아니라, 바로 자기자신과 싸우고 있는 것이다. 이렇게 볼 때 우리들이 추구하고 있는 모든 혁신(경영혁신, 재무혁신, 품질혁신)은 바로 자신과의 싸움, 자기혁신으로 볼 수 있을 것이다.

지금 우리들이 추진해야만 하는 혁신, 그것은 바로 스스로의 몸을 뜨겁게 불태우는 태양과 같은 변화, 바로 자기혁신이다. 그리고 그것의 시작은 거창하고 화려한 것이 아니라, 조그만한 일, 가장 기본적인 일부터 차근차근 정성껏 실천해 나가는 데서 시작해야 한다.

기본 지키기

모든 만물의 기초와 근본을 지칭하는 단어가 바로 '기본'이다. 즉 기본이란 모든 행동, 사고 및 사물의 근본바탕을 말하는 것이다. 이런 의미에 비추어 볼 때 '기본에 충실하자' 란 새롭고 획기적이면서도 혁신적인 일을 시행하자는 의미가 아니라 가장 사소하면서도 조그만한 일, 그리고 당연히 해야 할 일을 철저히 시행하자는 의미로 해석할 수 있을 것 같다. 즉 '기본에 충실하자' 란, 조직이나 사회에서 정해진 모든 규범 및 약속을 반드시 지키자는 실천적인 의미라고 해석할 수 있다. 이 말은 현대적 공동생활에 필요한 예의를 겸비하고, 원론에 충실한 생활자세와 가치관을 정립하자는 의미와 일맥상통하며 동일한 뜻이기도 하다. 어느 학자에 의하면 모든 혁신의 근본은 바로 조직구성원의 의식혁신, 자기혁신에 있다고 한다. 자기혁신은 다른 사람이 아닌 바로 나자신에서부터 시작된다는 "나 하나쯤이야" 하는 사고방식이 팽배한 조직과 기본이 무너지는 조직에서는 절대로 경쟁력이라는 탐스러운 열매를 맺을 수도, 수확할 수도 없다. '나 하나쯤이야' 하는 사고방식에서, "나부터 지금 당장"이라는 가치관을 가진 조직 구성원이 될 때 품질수준은 향상되고, 품질이 향상될 때 경쟁력이 향상되는 것이다.

<table>
<tr><td>• 의 미</td><td>• 추진내용</td></tr>
<tr><td>

"기본에 충실하자" 의 의미는 가장 기본이 되는 모든 규범을 반드시 지키자는 실천적인 의미이다. 이는 자신의 존재가치를 정립하고 현대적 공동생활에 필요한 예의를 겸비하고, 원론에 충실하자는 의미를 내포하고 있다.

이러한 기본이 소홀해지고 지키지지 않는 풍토속에서는 자율성이 자랄 수 없고 품질도 설 땅이 없다는 것은 자명한 이치이다.

</td><td>

1. 기본중의 기본
2. 보이지 않는 얼굴
3. 쉽고도 어려운 실천
4. 움직이는 명함
5. 기업경영의 필요악
6. 스스로 일을 창출하자
7. 내일은 없다

</td></tr>
</table>

13. 기본중의 기본

따뜻한 한 마디

'내가 잘할 수 있을까' 하는 걱정 반 우려 반, 그리고 청운의 꿈을 안고 직장에 첫출근한 병진이는 회사 정문에서 허름한 작업복을 입은 한 중년남자로부터 "반갑습니다. 아주 멋지군요"라는 인사를 받았다.

모르는 나에게 인사를 하다니, 당황한 병진이는 제대로 대꾸도 하지 못하고, 엉거주춤 자리를 빠져나갔다. 사무실에 출근한 지 3일쯤 되던 날 첫날 자기에게 인사한 그 중년남자가 사무실 복도를 지나가고 있었다. 병진이는 선배사원에게 저분이 누구냐고 물었다. 선배는 "아니, 아직 병진씨는 사장님 얼굴도 모르고 있습니까? 저분이 바로 우리회사 사장님입니다"라고 말했다. 사장님이 나에게 인사를! 존경심이 생겨나면서, '나를 인정해주는구나' 하는 자기확인, 자기 만족감을 병진이는 가슴 깊이 느꼈다.

　인사는 상대방의 존재가치를 인정해주는 행위인 동시에, 우리 인격의 또 다른 얼굴이다. 윗사람이 건네는 따뜻한 인사 한 마디는, 부하사원에게 자기자신의 존재가치를 인식케 하고, 자기확대라는 새로운 길로 안내해 준다. 반대로 아랫사람이 윗사람에게 건네는 따뜻한 인사 한 마디는 윗사람을 존경하는 마음의 발로라고 볼수 있다. "나는 인사에 인색한가, 관대한 편인가?" 스스로 자문자답해 보자.

　특히 새로운 출발을 하는 신입사원에게 한 마디 꼭 해 주고 싶다. 당신이 만나는 모든 사람, 화장실에서, 복도에서, 식당에서 만나는 모든 사람에게 당신 자신이 먼저 머리를 숙이라고. 나를 낮추는 것이 나를 올리는 지름길임을 꼭 명심하길 바란다. 학교에서 잘 모르는 부분이 있으면, 도서관이나 혹은 교수에게 찾아가면 된다. 하지만 기업은 혼자서 완전하게 할 수 있는 일이라고는 하나도 없다. 부서와 부서, 개인과 개인이 힘을 합쳐야만 한다. 상대방의 힘을 얻고, 나의 인품을 높이기 위해서는 내가 먼저 인사를 하는 습관을 가져야만 한다. 밝은 인사, 따뜻한 말 한 마디가 우리의 주변을 밝고 빛나게 만들어 준다.

신병훈련소

경기도에 소재한 중소기업에 강의 나갔을 때 있었던 이야기이
다. 그날 오전에 회사부근에서 볼일도 있고, 위치를 알고 있어서
강의 30분 전에 직접 찾아가겠다고 말했다. 담당 부장은 경비실
에 연락을 취해 놓을테니 자기가 부재중일 경우 경비실의 안내
를 받으라고 친절하게 이야기해 주었다. 30분 전에 경비실에 도
착하여 "반갑습니다. 안녕하십니까?" 라고 인사를 건네고 찾아
온 용건을 이야기하고 안내를 부탁했다. 하지만 경비원은 내가
마치 군대 신병훈련소에 온 것 같은 착각을 일으킬 것같은 말과
행동을 서슴지 않고 했다.

인사를 받기는 커녕 어디서 왔느냐, 사전에 약속은 되어 있느
냐, 몇시에 만나기로 했느냐는 등 큰 사고를 일으킨 범인 심문하
듯이 캐묻는 것이었다. 경비실 입구에는 "친절배가운동 - 고객
에게 친절하게 대하겠습니다. 고객은 우리의 왕"이라는 현수막
이 붙어 있었다.

경비라는 업무의 성격상 그렇게밖에 할 수 없는 어려움을 이
해하지 못하는 것은 아니다. 다만 내방객이 찾아오면 "어서오십
시오. 안녕하십니까?" 라는 따뜻한 인사 한 마디와 밝은 표정으
로 맞이해야 하고, 또 그렇게 하는 것이 경비실 근무자의 기본
이라고 이야기하고 싶은 것이다. 처음 대하는 경비실은 곧 회사
의 얼굴이며, 이런 행동이 회사 전체의 이미지를 실추시킬 우려
도 있다. 비즈니스맨의 업무는 사람을 만나는 것에서부터 시작
된다. 외부고객을 만날 수도 있고, 내부고객을 만날 수도 있다.

단 하루라도 사람과 만나지 않고는 그 어떤 업무도 수행할 수 없
는 것이 비즈니스맨의 운명이다.

이럴 땐 이렇게

TV 광고의 한 장면에 백화점을 찾아오는 고객에게 백화점 입
구에 10~15명 정도의 여사원이 머리숙여 인사하는 장면이 있
다. 아름다운 여성의 인사를 한두 번 받아보는 행운을 누린 사람
도 있을 것으로 여겨진다. 서울에 근무할 때 아내와 같이 아침
일찍 백화점에 간 적이 있었다. 백화점 1층 로비 부근에 말로만
듣고, TV에서만 보았던 아름다운 여성이 우리를 기다리고 있지
않는가? 왠지 백화점에 들어가기가 망설여져서, 아내에게 어떻
게 하면 좋겠느냐고 의견을 구했다. 아내도 나와 비슷한 생각을
가지고 있었다. 아름다운 여성이 일렬로 도열하여 이구동성으로
"어서오십시오"라고 인사할 때 나는 어떻게 행동해야만 하는
가? 그냥 자연스럽게 지나가면 되는 건지, 인사를 해야만 하는
건지 어쨌든 간에 행동이 어색할 수밖에 없다는 생각이 들었다.
곰곰이 생각해 보았다. 어떤 사람은 자연스럽게 밝은 미소를
지으면서 자연스럽게 행동하는 데 나는 왜 그렇게 하지 못했는
가? "내가 왜 이러는지 나도 몰라, 도대체 왜 이러는지 나도 몰
라"라는 유행가 가사처럼 내가 왜 그 순간에 그런 생각이 들었
고 어색해 했는지는 잘 모른다. 하지만 내가 느낀 확실한 것은
인사를 잘하는 사람일수록 인사를 잘 받아준다는 점이다. 주변

을 한 번 돌아보자. 자기 주변에 정말로 유능하고 장래가 촉망되는 사람들은 한결같이 인사를 정말로 잘하고 잘 받아준다는 점을 발견할 수 있을 것이다. 능력은 탁월한데, 인사에 인색한 사람들도 간혹 발견할수 있다. 하지만 확실한 것은 "벼는 익을수록 고개를 숙인다"는 것이다. 이 평범한 진리와 이치에 어긋나는 행동을 하는 사람들은 성장하는 데 한계가 있을 수밖에 없다. 먼저 인사하는 습관과 마음이야말로, 스스로의 존재가치를 높이고 더불어 가치를 창조하는 비즈니스맨으로 자신을 변신시키는 요체임을 잊지 말아야 한다.

〈기록해 봅시다〉

표어	현재 나의 모습	미래 나의 모습
움직이는 명함 기본중의 기본		

- 인사는 가로 세로 복잡한 인간관계로 형성된 조직생활을 활기차게 해주는 청량음료와 같은 것이다.
- 인간사회에는 윤활유라는 것이 필요하다. 그 최대의 윤활유가 바로 인사이다. 직장 동료 상호간에 건네는 밝은 인사, 밝은 미소는 하루의 업무를 원활하게 만들고 인간관계를 더욱 더 원만하게 만든다.

14.보이지 않는 얼굴

"어찌 그런 심한 말을" 이 말은 얼마 전에 유행했던 코미디 유행어이다. 살아가면서 도저히 상식적으로 이해할 수 없는 기상천외한 황당한 일들을 경험하게 되는데, 이런 이해할 수 없는 황당한 마음을 표현할 때 가장 적합한 단어가 "어찌 그런 심한 심한 말을…" 일 것이다 누구든지 살아가면서 전화와 관련된 황당한 경험을 한 두 번쯤은 했을 것이다. 신입사원과 입사 초년시절에 겪을 수 있는 "그런 심한 말을 하다니"에 해당되는 전화에 관련된 사항을 가상현실로 더듬어 보자.

나 ○○인데, △△바꿔!

출근한 지 1주일쯤 된 것으로 기억된다. 처음 1주일은 전화받기가 그렇게 겁이 났다. 이런 나의 마음을 모르는 듯 전화는 왜 그렇게 많이 오는지, 전화벨 소리만 들어도 긴장이 되곤 했었다. 전화벨 소리가 겁이 나기는 아마 그때가 처음인 것 같았다. 전화의 대부분은 선배나 부·과장을 찾는 전화였다. 찾는 사람이 자리에 있으면 별 문제가 없는데, 회의중이거나 부재중이면 고민거리였다. "어디에 갔느냐, 왜 갔느냐, 언제 오느냐, 아주 급하니까 지금 잠깐만 바꾸어 달라"는 등 어떻게 해야 될지 고민이 아닐 수 없었다. 이런 고민을 아는지 모르는지 긴급 회의중인 과장을 찾는 전화가 걸려왔다. 무척 급한 전화인 것 같아서 회의중인 과장에게 급한 전화가 왔다고 메모를 건넸다. 메모를 보자마자 "이 사람아. 지금 분위기 보면 몰라? 내가 지금 전화 받을 분위기야? 알아서 해"라고 말하는 것이었다.

'어찌 그런 심한 말을, 나는 어떡하라고.' 급하게는 찾고, 찾는 사람은 알아서 하라고 하고 이러지도 못하고 저러지도 못하고….

신입사원 시절은 누구나 할 것없이 자리당번을 많이 하게 된다. 모든 사람들이 회의 들어간 텅빈 사무실을 지키는 것은 신입사원의 몫이다. 왜 아무도 없을 때 전화가 더 많이 오는지, 전화받기도 바쁘다.

전화통화가 막 끝나고, 전화벨이 10번쯤 울린 다른 전화를 받았다. 전화의 첫마디 "아니 도대체 뭘 하는 거야, 전화벨이 그렇게 울리는데도 받지 않고?" 짜증스러운 그 한 마디에 주눅이 든다.

이어지는 한 마디 "나 ○○인데 △△ 바꿔!" '어찌 그런 심한 말을…' 어제 들어온 신입사원이 어떻게 알 수 있겠는가, 누가 누구인지를, "지금 부재중입니다. 용건을 말씀하시면 메모를 전해 드리겠습니다"라고 말하면 "알았어. 조금 후 다시 전화할테니 자리에 있으라고 해" 하고는 일방적으로 전화를 끊어버린다. '나는 어떡하라고.' 누군지 알아야 전달할 것이 아닌가? 아직도 나는 그가 누군인지 모른다. 다만 확실한 것은 그 시절 그 때 그 말은 또렷하게 기억하고 있다. "나 ○○인데 △△ 바꿔!"라는 그 한 마디를 말이다. 당신은 '나는 어떡하라고'에 해당되는 황당한 전화경험을 해보신 적이 있습니까? 전화를 잘하는 것, 또 걸려온 전화를 친절하게 받는 것, 이것이야말로 사회생활에 있어서 기본중의 기본인데, 왜 잘되지 않을까? 이는 상대방의 기분은 아랑곳하지 않고 내 할 말만 하고자 하기 때문은 아닐까? 하여튼 우리 모두가 순간순간 간과해 버리는 전화예절을 다시한 번 돌아보아야 할 것같다.

회사의 얼굴

대개 한 두 번 정도 전화로 인해 불쾌함을 느꼈던 경험을 하며 세상을 살아가고 있다. '나 ○○인데 △△ 바꿔' 라는 교훈을 되살려 상대방의 입장에 서서 생각해 보는 것이 무엇보다도 중요하다고 생각한다. 익히 알고 있는 내용이지만 전화예절에 관해 다시 한 번 생각해 보고 자기화하는 것이 필요하다. 첫째, 전화벨이 울리면, 즉시 수화기를 들어야 한다. 전화를 거는 사람은 누구나 상대방이 곧 나올 것을 기대하기 때문이다.

둘째, 수화기를 드는 즉시 "감사합니다. OO과 XXX입니다"라고 자기의 소속 및 이름을 확실하게 말해야 한다. 그리고 회의중인 사람을 찾는 전화이면 "지금 회의중이니 메모를 남기시면 전달해 드리겠습니다"라고 말하고, 정말 급한 전화이면 회의중인 사람에게 말로 하지 말고, 메모로 전달하여 의향을 묻는 게 좋다.

셋째, 전화는 절도를 지켜야만 한다. 사내전화로 친한 사람과 전화할 때 자칫하면 길어지기 쉽다. 요령있게 용건만 간결하게 이야기한다.

넷째, 전화는 친절하게 받아야 한다. 친절하게 응대한다는 것은 밝은 목소리로 상대방의 이야기를 끝까지 차분하게, 조용하게 들어준다는 것을 의미한다.

전화가 없는 비즈니스는 존재할 수도 생각할 수도 없다. 회사의 인격과 인품은 전화응대에서 시작된다는 말에서도 전화응대의 중요성과 보이지 않는 위력을 느낄 수 있다. 전화 통화하는 그 순간은 내가 회사요, 회사가 곧 내가 된다. 전화는 우리 모두의 얼굴인 동시에, 회사의 얼굴임을 명심해야 한다.

〈기록해 봅시다〉

표어	현재 나의 모습	미래 나의 모습
간단한 통화 친절한 응대		

15. 쉽고도 어려운 실천

친숙한 단어, 간과되는 실천

우리들이 어린 시절 부모님으로부터, 귀가 따갑도록 듣고 또 듣고 지겹도록 들은 말이 바로 "제발 방을 어지럽히지 말고 정리 좀 해라, 나중에 뭐가 될래" 하는 말일 것이다. 이 말은 언어의 의미를 이해하는 6살쯤 보통 듣기 시작한다.

하여튼 인간이란 동물에게 '정리정돈' 이라는 말은 태어나서 죽을 때까지 뗄래야 뗄 수 없고 일평생 따라다니는 그런 단어임에 틀림이 없는 것 같다. 종종 청춘 멜로드라마에서 이 정리정돈에 얽힌 사랑싸움의 장면이 방영되기도 한다. 드라마를 통해 정리정돈의 한 단면을 살펴보자.

드라마의 남자 주인공 민수는 정말 완벽한 정리정돈 실천자이다. 치약, 수건 가구 등은 항상 제 위치에 있어야 함은 물론이고,

먼지 하나라도 있으면 성격상 도저히 용납하지 못하는 그런 사람이다.

반면 여자 주인공인 시라는 남자 주인공과는 정반대로 사용 후 제자리에 두는 물건이라고는 하나도 없고 이 방 저 방, 온 집 안에 옷가지, 개인물품 등을 어지럽히는 그런 성격의 여자이다. 이 청춘남녀가 한바탕 큰 소란을 벌이는데 그 주된 이유가, 거창한 철학이나 이념에 대한 논쟁이 아니라, '왜 사용한 물건을 제자리에 갖다 놓지 않느냐, 내가 뒤치다꺼리하는 사람이냐' 하는 것 때문이다.

급기야 사랑하는 두 남녀는 감정의 벽을 허물지 못하고, 별거 생활에 들어가고야 만다. 별거 후 남자는 그리움에 술을 마시고 있고, 여자는 침대에 앉아 남자를 그리워한다. 남자 주인공의 방은 온통 쓰레기장으로 변해 있고, 여자 주인공의 방은 정반대로 너무나 말끔하게 정리정돈 되어 있다.

남자와 여자 주인공 모두 상대방이 무엇을 원하는지를 곰곰이 생각해 보고 상대방이 원하는 쪽으로 바뀌어 간다. 그리고 가슴속에 뜨거운 사랑을 재확인하고, 누구 먼저라고 할 것없이 그리움에 서로 달려와 뜨거운 포옹을 하게 된다.

이런 드라마를 우리는 TV연속극을 통해 심심찮게 보게 된다. 결혼생활을 한 대다수의 사람들은 정리정돈 때문에 배우자와 부부싸움을 한 경험이 있을 줄 안다. 하여튼 사회생활을 하든 직장생활을 하든 사람들로 구성된 조직에 있어 단골메뉴로 등장하는 것이 바로 정리정돈인 것 같다.

사라져 버린 서류

토요일 오전 건모가 근무하는 영업부에 한바탕 큰 소동이 일어났다 10시쯤 영업담당 임원이 '작년도 판매실적 및 영업전략' 문서를 사장실로 빨리 가지고 오라는 데서부터 이 소동은 시작되었다. 호동이가 기안한 이 문서는 3일 전에 사장결재를 받은 서류로 지역별·제품별 판매실적과 전략,경쟁사 동향에 관한 내용이 수록되어 있는 중요한 사외비 문서였다.

이 문서 기안자의 주인공인 호동이가 이날 출근했다면, 이런 소동은 발생하지 않았을 것이다. 이날 집안에 결혼식이 있어 호동이는, 다른 지방에 아침 일찍 내려가 버려서 연락을 취할 수가 없는 그런 상황이었다. 영업부 근무사원 전원이 동원되어 문서철을 찾고 또 찾고 아무리 찾아 보아도 '판매실적과 영업전략'이란 문서를 찾을 수가 없었다. 평상시에는 잘 모르고 넘어갔지만, 왜 그렇게도 문서철이 많은지 원망스럽기 짝이 없었다. 영업담당 임원은 뭘 그렇게 꾸물대느냐, 곧 사장께서 외출하니 5분 이내에 빨리 찾아가지고 오라고 자꾸 성화고, 찾지는 못하고, 이러지도 못하고 저러지도 못하고 정말 답답하기 짝이 없었다. 호동이 책상은 자물쇠로 굳게 채워져 있고, 시간은 흘러가고, 영업담당 부장은 조바심으로 머리에 식은 땀이 흐르기 시작했다. 다급해진 부장은 사원에게 수단과 방법을 가리지 말고 호동이의 책상을 열어서 문서가 있는지 여부를 확인하라고 다급하게 지시했다.

호동이 책상을 여는 순간과 동시에 상황은 종료되었다. 그토록 찾던 문서가 호동이 책상 속에서 잠자고 있지 않는가. 이 소동은 10분 만에 일단락되었지만 영업부 근무자들에게는 10시간 만큼 긴 시간이었다. 당신들은 이 상황이 단순한 가상 사례라고 생각하는가, 그렇지 않으면 이런 비슷한 경험이 있는가. 많은 사람들은 생산부에서 부품과 원재료가 제때 흘러가지 않으면 원인을 분석하고 대책을 수립한다고 온통 야단이지만, 문서에 기재된 정보의 단절에 대해서는 무관심하거나 소홀히하는 경향이 있다. 기업의 경쟁력은 개인의 능력(ability)과 부서간 연계(link)가 얼마나 원활한가에 의해 결정된다는 말이 있다. 결재받은 문서는 언제, 어디서, 누가 찾든지 전체 관련자가 공유할 수 있도록 관리되고 보관되어야 한다. 개인의 퇴사와 더불어 사라져 가는 노하우, 공유되지 않는 문서, 개인책상과 개인자료철에 잠자고 있는 문서들, 이런 모습들이 지금 우리의 모습은 아닌지 생각해 보자.

정보와 지식은 나 홀로

일본의 마쓰다 자동차가 한국인 연수생들을 교육한 후 내린 '한국인 근로자의 태도 평가'에 의하면, 한국인 연수생들은 개인의 기능과 지식은 매우 뛰어나지만 자만하고 요령을 부리며 정보나 지식의 독점요구가 강하다고 한다. 한국인들은 공동선보다 개인적 이득추구에 열성이라고 지적한 이 보고서는 "해가 거듭될수록 이런 성향이 더욱 짙어지고 있다"고 경고하고 있다.

생산성 향상, 경쟁력 강화는 본질적으로 더 좋은 방법을 탐색하고 채택하는 과정을 통하여 이루어진다. 이는 마치 정글 속의 미로를 헤매며 길을 찾아가듯 끊임없이 실수와 잘못을 제거해 나가는 과정을 통해서만 얻을 수 있다. 기업경쟁력은 도도하게 흐르는 강물처럼, 동맥과 정맥처럼 필요한 부서와 개인에게 지체 없이 관련정보가 제공될 때 제고되는 것이다. 정보가 흘러가지 못하고 고이면 동맥경화증에 걸려 조직과 개인 모두가 다시는 회복할 수 없는 치명적인 병에 걸린다. 우리의 현재 모습은 원활하게 정보가 흘러가고 있는가 자문해 보기 바란다. 중요한 정보를 자기의 책상에 혼자 보관하고 남이 볼까봐 쉬쉬하는 풍토 속에서는 절대로 경쟁력이 강화될 수 없다. '정보나 나 지식은 나 홀로'라는 문화를 한시 바삐 청산해야만 하며, 그러기 위해서는 정리정돈이라는 기본에 대해 새로운 이정표를 그려야만 한다. 정리정돈의 진정한 의미는 보이는 문서와 서류,비품을 가지런하게 정리한다는 좁은 의미가 아니라, 더불어 살아가기 위한 기초질서를 준수하는 것이다. 자, 이제 나부터 지금 당장 정리정돈의 선봉장이 되어 보자.

표어	현재 나의 모습	미래 나의 모습
친숙한 단어 어려운 실천		

16.움직이는 명함

병선이와 주위동료들은 'X세대 복장 이대로 좋은가' 라는 테마를 가지고 각론을박 열심히 토론중이다. 패션부서 업무특성상 늘 화제에 오르는 단골메뉴가 바로 '비즈니스맨과 복장' 'X세대와 복장' 등 주로 복장에 관한 의식과 유행에 관한 것들이었다.

"배꼽이 내보이는 복장(옷)은 너무 심하지 않느냐, 아무리 개성시대라지만 조금 심한 것 같다"라는 말을 먼저 태양이가 이야기 했다. 평소 활발하고 개성 그 자체로 똘똘 뭉친 진실이가 태양이의 이야기가 끝나자마자 이야기를 하기 시작했다.

"배꼽옷이 어떠냐, 얼마나 자신감있는 행동이냐, 자신을 스스로 돋보이게 하고 꾸미는 것이 무엇이 잘못되었느냐, 하루 빨리

고정관념을 벗어 던져야만 한다. 지금은 차별시대, 개성시대, 국경이 없는 지구촌 시대인데 옛날 전통이나 관습만 고집한다는 것은 정말로 시대착오적 발상이다"라고 강력하게 주장했다. 1시간 남짓 열띤 토론은 좀처럼 합의점을 찾지 못하고, 수평선만 계속 달려 나갈 뿐이었다.

이날 결론없이 끝난 토론에 참석한 병선이는 멋있는 비즈니스맨이란 어떤 사람이며, 또 멋진 비즈니스맨은 어떤 복장을 해야 하는지를 생각해보고 나름대로 복장에 대해 다음과 같이 결론을 내렸다.

마음의 품격

여자가 자기자신의 멋을 위해 옷을 입는다면 남자는 타인과의 공감을 위해 옷을 입는다는 말이 있다.

좋든 싫든 수많은 인간관계 속에서 부대껴야 하는 비즈니스맨들에게 있어 복장이란 자신의 이미지를 심고 품격을 표현하는 중요한 수단이다. 이는 마치 애써 만든 상품을 정성스럽게 포장함으로써, 상품가치를 높이고 신뢰도를 높이는 행위와 같은 것이라 할 수 있다.

특히 많은 사람들과 대면해야 하는 영업사원들의 옷차림(복장)은 그 자체가 업무의 일부라 할 수 있다. 좋은 첫인상을 줄 수 있도록 깨끗하고 신뢰감이 느껴지는 단정한 차림새를 유지하는 것이 중요하며 개성과 감각보다는 올바른 매무새에 힘써야 한다. 진짜 프로라면 옷차림 하나에도 확실한 자기표현을 할 줄 알아야 한다. 프로 비즈니스맨은 품격과 화려함의 한계를 분명히 알고 있다. 프로비즈니스맨은 지나치게 장식적인 옷차림이 오히려 자신의 품격을 손상시킨다는 사실을 분명히 알고 있다. 화려함을 추구할 것이 아니라, 단정한 복장과 예의바른 태도로 자신을 돋보이도록 하는 것이 필요하다. 일만 잘한다면 복장이 구겨졌거나 신발 뒤축이 닳았어도 괜찮다는 생각은 현대사회에서는 통하지 않는다. 차림새가 허름하면 사람까지 허름해 보인다. "의복은 너절하지만 마음만은 비단같다"고 우겨봤자 겉만 보고 비단결 같은 마음을 알아차리는 사람은 한 사람도 없다. 자기자신을 돋보이도록 노력하는 것은 사업의 내용에 관계없이 중요한 일이다. 뛰어난 외국어 구사능력, 해박한 업무지식, 그리고 자신의 품격을 표현할 수 있는 멋진 비즈니스맨이야 말로 세계화 시대의 참된 주역이 아닐까.

일류 사원, 일류 몸가짐

다산 정약용 선생은 평소에 가르치기를 "발은 무겁게 하고, 손은 공손하게 가지고, 입은 다물어야 하며, 머리는 곧게 하고, 눈은 단정하게 하고, 인상은 정숙하게 가져라" 하였다.

우리의 모든 행동의 기본은 몸가짐이다. 단정하고 우아한 몸가짐을 가진 사람은 인품이 저절로 드러나 보이며, 몸가짐이 바르고 정중한 사람과 함께 생활하면 편안하고 안정감이 들게 마련이다.

　"예절이 사람을 만든다"는 말과 같이 평소부터 올바른 몸가짐이 몸에 배면 직장생활에서도 신선미를 지닌, 기대에 어긋나지 않는 훌륭한 비즈니스맨으로 성장해 나갈 수 있을 것이다. 초우량 회사는 일류사원이 만든다. 일류사원은 일류 몸가짐을 갖추고 있다. 일류 몸가짐은 현대적 공동생활에 필요한 예의와, 원론에 충실한 생활자세를 일관성있게 지닐 때 자연스럽게 나타나는 것이다. 21C 세계 일류사원이 되기 위해서는 일류사원답게 일류 몸가짐을 지녀야 하며, 그 출발은 부가가치를 창출하는 인품과 마음의 품격을 나타내는 산뜻한 복장에서부터 시작되는 것이다.

〈기록해 봅시다〉

표어	현재 나의 모습	미래 나의 모습
움직이는 명함		

17.기업경영의 필요악

회의(會議), 회의(懷疑)

청운의 꿈과 포부를 안고 회사생활을 시작한 수종이는 회의감에 사로잡혀 포장마차에서 친구와 함께 소주잔을 기울이고 있었다.

어려운 관문을 통과하여 본인이 원하는 직장에 입사한 수종이는 아직 취업하지 못한 친구로부터 부러움과 질시를, 부모와 집안 친척으로부터는 격려와 축하를 받고, 패기가 흘러 넘치는 그런 자신만만한 젊은이었다. 이런 수종이가 한달만에 풀이 죽어 소주잔을 기울이고 푸념을 늘어 놓은 이유는 이날 아침 회의 때 생긴 담당과장과의 심한 언쟁 때문이었다. 과장이 주재한 이날 회의의 주제는 '회의 활성화 방안'에 관한 것이었다. 한 사람씩 돌아가면서 평소 가지고 있던 소신과 의견을 열심히 이야기하기 시작했다. 이윽고 수종이 차례가 되었다. "자 수종씨, 1달간 근무한 소감과 본인의 의견을 기탄없이 이야기해 보시오"는 과장의 말에 힘입어 1달간 느낀 소감과 평소 소신을 이야기하기 시작했다. "회의를 하지 않아도, 충분히 해결할 수 있는 것 같은데, 꼭 회의소집을 하는 경우가 많고, 회의를 하더라도 명확하게 한 번만에 결론이 난 회의를 보지를 못했다. 회의가 정말 필요한지 잘 모르겠다. 會議인지 懷疑인지를 구분하지 못하겠다. 지금 이 순간에도 이러한 회의가 필요한지를 모르겠다"고 또박또박 조리있게 이야기했다. 말이 채 끝나기도 전에, "수종씨, 지금 무슨 말을 하는 것인가. 분위기를 좀 파악하고 이야기를 하라, 할 말이 있고 하지 말아야 하는 말이 있지 않는가?" 라는 선배사원과 담당과장의 질책이 쏟아져 나왔다. 당황한 수종이는 "소신껏 이야기하라고 해서 소신을 이야기 했을 뿐이다. 회의란 각자의 의견을 제시하고 토의하는 그런 대화의 장이 아니냐, 지금은 대화가 아니라, 억압하는 분위기이다. 會議인지 懷疑인지를 모르겠다"라고 반박했다. 눈이 마주친 주위 선배사원에게 원조를 요청하는 눈빛을 보냈지만, 돌아오는 것은 냉담함과 무관심뿐이었다. 얼마간의 논쟁이 있은 후 "오늘 회의는 이것으로 마칩시다"라는 담당과장의 회의종료 발언으로 논쟁은 일단락 되었다.

　입사한 지 1달만에 같이 일할 선배사원과 담당과장과의 감정의 벽은 신입사원인 수종이에게는 힘든 일이었다. 직장생활을 1년 이상 해보면 회의는 비즈니스맨과 너무나 가까운 존재이며 필수불가결한 것임에는 틀림없지만, 의견대립과 논쟁 때문에 인간관계에 금이 갈 수 있고 심한 경우에는 감정의 골까지 깊어질 수 있는 기업에 있어서 필요악과 같은 그런 존재이다. 수종이와 같은 사례는 우리주변에서 흔히 볼 수 있는 그런 사례는 아니다. 하지만 회의에 대한 명확한 개념과 인식이 변화하지 않는다면, 조직에 근무하는 사람은 정도의 차이는 있지만 이와 유사한 경험을 한 두번쯤 겪을 수밖에 없을 것이다.

인품의 결정체

한 연구기관이 조사한 통계에 의하면, 업무시간의 약 30%는 회의와 관련된 일에 할애하고 있다고 한다. 회의는 기업경영에 있어 없어서는 안되는 것이지만 반면에 많은 귀중한 자원도 낭비할 위험을 내포하고 있다. 따라서 회의라는 것은 기업경영에 있어 양날의 칼과 같은 그런 존재라고 볼 수 있다. 회의를 통해 조직 구성원이 회사가 추구하고자 하는 방향을 인식하고, 자기가 무엇을 해야 할지를 명확하게 파악하여 행동할 때만 진정한 가치가 있는 것이다. 회의는 한 조직체의 인품결정체인 동시에 인품의 수준을 나타내는 하나의 중요한 판단기준이 될 수 있다. 우리의 '회의문화'와 '회의인품'은 어디쯤 와 있는가를 냉철하게 조명해 보고 혹시 내가 會議를 '懷疑'로 만들어 버리는 그런 사람은 아닌지 한 번 되돌아보자.

적극적 경청

'세계화물산주식회사'에 갓 입사한 입사초년병 갑식이는 우연히 대학교수를 회사부근 식당에서 만나 저녁식사를 하면서 교수에게 성공비결에 대해 물었다 "교수님, 저는 빨리 성공하고, 출세를 하고 싶습니다. 성공과 출세의 비결을 좀 알려주십시오." "그건 사람을 잘 만나야 돼. 자네를 진정으로 아껴주고 도와주는 그런 사람을 말이야." "저를 도와주는 사람을 어떻게 하면 만날 수 있습니까? 또 그 사람이 어디에 있는지, 누군인지를 어떻게 알 수 있습니까?" "그건 아무도 몰라. 다만 자네의 행동에 달려 있네. 출세하고 싶거든 직위와 나이, 성별을 떠나 모든 사람에게 마음의 문을 열어야만 하네."

교수가 이야기한 '마음의 문'이란 무엇을 의미하는 것인가? 우리는 일생동안 수많은 사람을 새로 만나고 관계를 맺게 된다. 마음의 문이란 만나는 사람의 외모나 학력 등 눈에 보이는 요소로 판단하는 것이 아니라, 그 사람의 내면에 잠재된 '마음의 소리'에 의해 판단하는 것을 말한다. 우리들은 어릴 때부터 달변가가 되기 위한 훈련을 많이 받아왔다. 하지만 듣는 훈련은 받지를 못했다. 인간들로 구성된 기업세계에서 정말로 필요한 것은 달변가가 아니라, 타인의 의견에 귀를 기울일 줄 아는 '마음의 눈, 마음의 창'을 열어놓는 사람들이다. 거창한 경영혁신에 앞서 무엇보다도 선행되어야 할 것은 귀를 바짝 세우고, 상대방에게 가까이 다가가는 적극적 경청의 자세이다.

역지사지

　주위 동료가 다 퇴근한 늦은 시간, 아무도 없는 텅빈 사무실에 혼자 남은 병선이는 분주하게 아주 열심히 문서를 정리하고 있다. "내일 아침 10시 정각에 실시되는 회의자료는 이 정도면 충분해, 회의참석자 인원 만큼 배포자료 복사도 했고, 참석자에게 사전에 충분한 회의목적과 배경도 설명했고 또 오늘 아침에 유선으로 회의참석 안내도 했으니, 이 정도면 충분해, 나도 이제 나 혼자서 일을 할 수 있다고, 내일 회의 주재 기회를 준 과장을 실망시키지만 않으면 돼, 자 슬슬 퇴근해 볼까."

　이것이 병선이가 저녁 늦은 시간까지 남아서 일한 목적이었다. 나도 무엇인가를 혼자서 해냈다는 뿌듯한 자부심을 안고 사무실을 나서는 병선이의 표정은 지치기는 커녕 신바람이 나 있었다. 하지만 이런 병선이의 자부심은 다음 날 아침 여지없이 무너지고 말았다. 5분 전 회의장에 먼저 도착한 병선이는 회의실 흑판과 OHP 상태를 점검하고 참석자를 기다리고 있었다 '내가 너무 빨리 온 것 아닌가 하면서. 10시 정각에 한 사람이 도착했다. 3~4분 후 또 한 사람, 이런 씩으로 한 명 두 명 모여서 10시 5분쯤 참석자의 절반인 5명이 회의장에 도착했다. 다급해진 병선이는 회의실에 비치된 사내전화부를 보고 불참한 참석자에게 전화를 하기 시작했다. "미안합니다, 깜빡했습니다. 지금 곧 가겠습니다." "미안해, 꼭 참석할려고 했는데 급한 일이 생겨서, 참석할 수가 없을 것 같네. 미안해." "어, 회의가 오늘이었어? 나는 내일인 줄 알았지, 미안해 늦어서" 등 5명 중 3명은 이런

식이고 나머지 2명은 같은 부서원도 행선지를 모르는 그런 상황이었다. 10시 정각에 열릴 예정이었던 회의가 시작된 것은 10시 15분이 막 지나는 시점이었고 참석자는 7명이었다. 회의를 주관한 사람만 바쁘고, 나머지 사람은 너무나 태평한 것이 회의인가 하는 의문이 엄습해 왔다. 이런 회의가 잘될 수가 있겠는가 하는 생각이 들기 시작했다. 아니나 다를까, 1시간 15분쯤 진행된 회의의 결론은 다음에 한 번 더 회의를 소집하고, 그때 관련자들 전원이 모여서 결론을 내자는 것이었다. 이날 회의는 '회의를 위한 회의'로 끝나버린 것이었다. 병선이는 곰곰히 회의가 왜 자주 열리는가, 회의 비용은 얼마인가, 회의의 가치는 무엇인가를 스스로 질문해 보고, 나름대로 다음과 같이 결론을 내렸다. 그리고, '역지사지'(易地思之)라는 말이 떠올랐다. 지난번 타부서 주관 회의 때 바로 자신이 바로 會議를 '懷疑'로 바꾸어 버린 사람임이 생각났다.

'회의할 필요도 없는 것 같은데, 꼭 회의에 참석하라고 하네, 정말 귀찮다'라는 생각을 회의 소집 통보서를 받자마자 했고, 10분 늦게 참석하지 않았는가. 누구를 원망하겠는가? 하지만 다음부터는 정해진 회의시간은 반드시 스스로 지키겠다'라고 스스로 다짐을 했다.

〈생각해봅시다〉

■ 회의가 왜 자주 열리는가?

· 매너리즘에 젖어 있는 것은 아닌가.(습관성)

· 의견청취를 했다는 만족감에 기인하는 것은 아닌가.(심리적 위안감)

· 책임회피 및 책임전가에 기인하는 것은 아닌가.(자기방어)

■ 회의의 속성

· 회의시간은 참석인원 수에 비례하고, 참석자의 책임은 참석인원수의 제곱에 반비례한다.

· 회의의 대부분은 충분한 논의보다는 보고와 점검에 그치는 경우가 많고 최악의 경우에는 회의의 80%가 주재자의 연설 또는 설교로 채워진다.

· 회의는 제도상의 문제이기보다는 의식의 문제이다.

■ 넘치는 낭비요인

· 정시에 시작하지 않고 예정된 시간을 쉽게 넘김.

· 비용을 크게 인식하지 않음.

· 주재자의 횡포, 참석자의 무관심.(무준비, 무발언)

· 회의를 위한 회의.(참석대상자가 너무 많음)

· 결정회의보다 전달성,보고성이 많음.

· 결론도 없고, 있어도 시행되지 않음.

■ 엄청난 비용, 줄어들지 않는 비용

회의자체 코스트	회의빈도, 참석자수, 시간당 업무단가, 회의시간
회의준비 코스트	자료매수, 매수당 소요시간, 시간당 업무단가
회의출장 코스트	출장자 이동출장 코스트 (이동 대기 코스트 포함)
회의실 코스트	시간당 회의실 회의시간

회의도 교육의 일환

회의의 제반 문제점을 알고 있고, 회의 효율화가 중요하다는 사실을 모든 사람들이 인정하고 있으면서도 본인 스스로 회의효율화를 위해 노력하는 사람은 과연 얼마나 될까? 회의는 한 조직과 개인의 인품을 측정할 수 있는 바로미터이다. 회의의 문제는 제도상의 문제이기보다는 의식과 인품의 문제이고, 운영상의 문제로서 창조적인 회의를 하겠다는 확고한 개선의지와 의식개혁 없이 올바른 회의문화는 정착될 수가 없다. 회의를 통해 조직 구성원이 회사가 추구하고자 하는 방향을 인식하고 자기가 무엇을 해야 할지를 명확하게 파악하고 행동할 때 회의의 가치가 있는 것이다. 이렇게 볼 때 회의란 리더가 부하를 육성하는 교육의 일환이라고 볼수 있을 것이다.

회의에서 정한 사항을 전원이 실행할 때 가치가 있는 것이다. 혹시 우리 주변에 회의를 위한 회의, 책임을 공유하기 위한 회의가 존재하지는 않는지 한 번 냉정하게 생각해 보고, 바람직한 회의문화를 위해 '나부터' 지금 당장 회의에 대해 새로운 이정표를 정립하고, 한 걸음 한 걸음 실천해 나가자.

18. 스스로 일을 창출하자

금전인가, 자부심인가

현승이는 지금 교육장에서 동료 신입사원과 열심히 토론을 하고 있다. 토론주제는 '왜 우리는 일을 하는가? 어떤 자세로 일을 해야 하는가' 하는 것이었다. 교육기간 동안 매우 적극적이고 활동적인 현승이는 조원들의 적극적인 지지와 박수로 전체 토의를 이끌어가는 진행자의 역할을 담당하게 되었다. 현승이는 일에 대한 정의를 먼저 내리고, 다음에 왜 우리가 일을 하는가를 토의하도록 하는 것이 어떻겠느냐고 제의했다. 이렇게 해서 먼저 일이란 무엇인가, 일의 정의에 대한 토론부터 시작되었다. 전자공학을 전공한 호동이가 먼저 포문을 열었다. "간단합니다. 일이란 각자의 능력을 측정할 수 있는 바로미터라고 생각합니다. 이렇게 볼 때 우리가 일하는 이유는 일을 통해 성장하고 자

부심, 성취감을 맛보기 위한 것이라고 생각합니다." 회계학을
전공한 경규는 "호동씨가 이야기한 것은 너무 원론적인 이야기
라고 생각합니다. 우리가 일을 하는 이유는 먹고 살기 위해서고,
다음이 자부심, 성취감이라고 생각합니다. 3일 동안 굶어보세
요, 눈에 뵈는 게 없습니다. 먹고 살기 위해서 일한다는 것이 조
금 더 현실적인 이야기라고 생각합니다. 저는 어렸을 때 제대로
먹지 못하고 어렵게 자랐습니다. 저의 경험에 비추어 볼 때 일하
는 첫번째 이유는 먹고 살기 위해서, 돈을 벌기 위해서라고 생각
합니다"라는 정반대의 논리를 제시하였다.

  평소 과묵하기로 소문난 홍렬이가 모처럼 말문을 열었다. "두
분 이야기가 다 맞는 것 같습니다. 일은 생계수단인 동시에 우리
의 능력을 펼치는 도구요, 성취감과 만족감을 주는 그런 것이라
고 봅니다."

  "일에 대한 위인들의 정의(표 참조)를 보면 '일이란 내면 깊숙
히 잠자고 있는 잠재 능력을 발휘하여, 새로운 일을 창조해 나가
는 보람의 장' 임을 알 수 있습니다. 또 반대로 일은 우리에게 좌
절감과 실망감을 안겨줄 수도 있다고 생각합니다. 모든 사물이
항상 양면적 성격을 가지고 있듯이, 일이란 것도 성공과 실패를
자부심과 좌절감을 동시에 우리에게 던져주는 것 같습니다. 우
리가 정말 진지하게 토의하고 명심해야 할 점은 '우리에게 주어
진 일을 어떻게 어떤 마음가짐으로 대해야 하는가' 하는 점이
아닌가 생각합니다. 스스로 일을 창출하는 사람이 되기 위해 우
리가 무엇을 해야만 하는지를 조금 더 구체적으로 논의하고, 명
확한 가치관을 정립했으면 합니다"라는 홍렬이의 제안을 시발

점으로 본격적으로 일에 대해 토의하기 시작했다.

<위인들의 메시지>

· 토머스 에디슨 : 일하는 것이 나의 인생철학의 근본이다.
· 빅토르 위고 : 노동은 생명이고, 사상은 광명이다.
· 카를 힐티 : 행복하고 싶으면 무엇보다도 먼저 일을 하라.
· 바 울 : 일하지 않는 자는 먹지도 말라.
· 막심 고리키 : 일이 즐거우면 인생은 낙원이다.

달갑지 않은 불청객

총무부에 근무하는 민균이는 현재 매너리즘이라는 중독증에
걸려 있다. 3년 전에 입사한 민균이는 불과 얼마전만 하더라도,
능력도 걸출하고 의욕도 대단하여 장래가 촉망되는 그런 '창조
적인' 사원이었다. 가정생활보다는 회사에 더 충실하려고 노력
했고, 잔업근무나 일요일 근무도 마다하지 않는 그런 사원이었
다. 능력과 의욕을 가진 민균이가 갑자기 왜 매너리즘이라는 중
독증에 빠지게 되었는가? 누가 민균이를 이렇게 만들었을까?
그 이유를 당사자인 민균이에게 직접 들어보도록 하자. "어릴
때 줄곧 부모님에게 귀가 아프도록 들은 말이, '자만하지 말라,
미래를 향해 전진하라' 였다. 입사 후 2년 정도는 이런 부모님의
엄한 교육을 실천하고, 나태해질 때마다, 나 자신에게 채찍질을

했다. '중단하면 안돼, 나는 일어나야 돼, 그리고 힘차게 걸어가야 돼, 이 길만이 내가 성공할 수 있는 길이야' 라고 말이다. 하지만 한 번 나에게 찾아온 현실안주라는 매너리즘은 집요하게 나를 따라다녔고 나의 결심과 의욕을 여지없이 박살내 버렸다. 왜, 무엇 때문에 그렇게 아둥바둥 하느냐 한 번뿐인 인생, 대충대충 적당히 즐기면서 살아야 되지 않는가라고 나에게 유혹의 손길을 보냈다. 이런 생각은 시간이 지나면서 점점 더 강하게 나의 가슴과 머리에 새겨졌고 좀처럼 떨쳐 버릴 수가 없었다."

직장생활을 하다보면 누구든지 한 번쯤은 권태감, 회의감에 사로잡힐 수 있다. 중요한 것은 자기의 능력과 의욕을 스스로 가두어 버려서는 안된다는 점이다.

항상 자기와의 싸움에 도전하고 승리해야 하며, 나태해지는 자기자신에게 강한 채찍을 가해야 한다.

사람은 다른 자원과는 달리 가변자원이다. 본인의 노력과 땀에 의해 오늘의 주역이 내일의 낙오자로, 어제의 낙오자가 오늘의 주역자으로 변신할 수 있는 그런 가변자원이다. 나의 가장 무서운 적은 바로 '나자신' 이다. 나태해지는 자신에게 말할 수 있어야 한다. "나는 성공하고야 말겠다"고 말이다.

작은 일에도 혼(魂)을

다 퇴근하고 난 텅빈 사무실에 혼자 남은 병선이가 무엇인가를 골똘히 생각하고 있다. "내가 기껏 이런 일을 하려고 힘들게 공부하고 회사에 입사했는가" "초등학교 학생도 할 수 있는 일만 하는 내 모습이 정말 난 싫어" 라는 한숨과 한탄을 되뇌이고 있었다. "내가 회사를 잘못 들어온 것이 아닌가. 지금 내가 하는 일이라곤 선배사원 보조자료나 만들고 자료복사나 하고 정말 답답하다." 다음날 아침 이런 신입사원 병선이의 고민을 아는지 모르는지, 주위 선배사원은 "병선씨, 미안합니다. 이 자료 빨리 가서 5부 복사 좀 부탁합니다"라고 말하지 않는가. 자료 복사가 끝나자마자, 또 다른 선배사원 왈, "지금 특별히 할 일이 없죠? 내가 아주 지금 급한데 좀 도와달라, 다른 게 아니라 전자계산기로 이 자료의 합계를 정리좀 해달라"고 하지 않는가' 이런 선배사원의 부탁은, 그러지 않아도 자신의 능력과 지금 하고 있는 일에 회의감을 느끼고 있는 병선이에게 실망감과 좌절감만 증가시켰다. 실망감과 허탈감에 젖은 병선이의 눈에는 선배사원이 준 자료가 서류가 아니라 마치 원수같이 보일 수밖에. 자신이 일을 했는지, 계산기가 일을 했는지, 하여튼 선배사원이 부탁한 자료를 대충대충 정리하고 선배사원에게 넘겨주었다. 한 10분쯤 지났을까, 자료를 넘겨받은 선배사원은 "도대체 어떻게 계산했습니까? 차변·대변 합계는 물론이고 차변자체의 합계도 맞지 않으니 어떻게 된 것입니까?" 라고 말했다. "그럴 리가 있습니까? 제가 계산기조차 제대로 조작하지 못하는 그런 사람으로 보입니까? 틀림없이 맞을 것입니다. 다시 한 번 확인해 보십시오"라고 화풀이 하듯이 반박했다. 이말은 들은 선배사원은 더 이상 아무 말 하지 않고 오늘 저녁에 약속이 없다면 술 한 잔 하지 않겠느냐고 제안했다.

포장마차에서 나란히 소주잔을 기울이며 병선이는 지금의 자기 심정을 선배사원에게 늘어놓기 시작했다. "저는 학교다닐 때 능력있고 멋있다는 이야기를 주위에서 많이 들었습니다. 지금 제가 하는 일이라고는, 또 할 수 있는 일이라고는, 복사하는 것과 간단한 업무밖에 없습니다."

조용히 이야기를 다 들은 선배사원은 "병선씨를 보니까, 꼭 4년 전 내 모습을 보는 것같아 묘한 기분이 듭니다. 나도 꼭 4년 전 이자리에 앉아 과장에게 똑같은 이야기를 했습니다. 그때 과장이 나에게 이런 말을 했습니다. '그런 생각을 하는 것이 무리가 아니며, 또 그렇게 자기자신을 돌아보아야만 발전할 수 있다. 하지만 정말 중요한 것은 조그만한 일, 사소한 일에 혼을 바쳐 일하지 않는 사람은 큰 일도 제대로 못한다' 라고 말입니다. 지금 선배사원이 하는 업무는 다 병선씨가 나중에 맡아서 처리해야만 하는 것들입니다. 빨리 그 업무를 맡느냐, 맡지 못하느냐 하는 것은 전적으로 병선씨의 태도에 달려 있습니다. 선배사원이 부탁하는 사소한 일을 묵묵히 완벽하게 처리하게 되면, 다음에는 조금 더 어려운 일을 맡게 되고, 이것이 누적되면 마침내 그 업무의 주인공이 되는 것입니다."

병선이는 이 말을 들은 순간 조금 부끄럽기도 하고, 그동안 가슴속에 응어리졌던 답답한 마음이 사라졌다. 그리고 두 손을 불끈 쥐고 스스로에게 다짐했다. "작은 일에도 나의 정성과 혼을 다하겠다"고.

처음부터 똑바로

총무부에 1달정도 근무한 민균이는 휴게실에서 입사동기생인 병선이에게 "시키는 대로 일을 했는데 지금 와서 다시 하라고 하니 더럽고 아니꼬와서 일 못하겠다"고 불만을 털어 놓고 있었다.

"과장도 아니면서 말이야, 꼴에 선배라고 '일을 이따위로 했느냐, 내가 이야기 할 때 무엇을 들었느냐' 하는 것이냐 말이야. 나는 하라는 대로 했을 뿐인데 말이야." 흥분한 민균이는 비난의 화살을 선배사원에게 전부 돌리고 있었다.

불과 몇 분 정도 동기와 이야기 하는 중에 선배사원은 죽일놈도 되었다가, 천하에 다시 없는 못된 인간이 되었다가 했다.

"민균씨, 설명 내용을 충분하게 이해했습니까? 지금 우리가 만들 자료는 이틀 후 임원회의에 상정할 보고자료입니다. 창식씨가 출장만 안갔어도 민균씨에게 부탁할 필요도 없는데, 하여튼 일할 사람은 우리 두 사람뿐이니, 충분하게 이해했다면 지금부터 보고자료를 만듭시다"라고 이야기했다. 그후 선배사원 태식이는 몇 번이나 "자료를 만들 수 있겠느냐, 이해했느냐"라고 물었지만. 민균이는 "예, 충분히 이해했습니다. 한 번 해보겠습니다. 걱정하지 마십시오"라고 이야기 하고 일을 시작했다. 이야기 들을 때는 100% 이해한 것 같았는데, 막상 일을 시작하고 보니 이해가 안되는 것이 한 두가지가 아니었다. 의문나는 사항을 질문하려고 하니 정신없이 일하고 있고, 귀찮기도 해서 스스로 해석하면서 일을 진행했다. 그리고 다음 날 아침 선배사원 태식이에게, 자료를 건네주었다. 자료를 죽 검토한 선배사원은 "아니, 도대체 뭘 한 것이냐, 어제 이야기 한 것과 전혀 다르지 않으냐, 누구 죽일 일이 있느냐?" 라는 매몰찬 말과 함께 철야를 해서라도 다시 작성하라고 하지 않는가. 칭찬을 기대했던 민균이가 실망한 건 당연한 일이다.

이것이 민균이가 흥분하게 된 사건의 전말이었다.

직장생활을 하는 사람이라면 누구든지 이런 실수를 하게 마련이다. 중요한 것은 이런 실수는 한 번으로 족하다는 점이다. 이런 실수를 연발하게 되면, 자신감을 상실하게 되고 급기야는 엄청난 잠재능력을 땅속에 묻어 버리게 된다.

일의 주인, 창조자가 되기 위해서는 가슴속에 새겨야만 하는 몇 가지 원칙이 있다. 그중의 첫째가 바로 '고객의 소리에 귀를 기울이고, 처음부터 똑바로' 하는 것이다. 우리가 얼핏 생각할 때에는 처음부터 일을 똑바로 하지 못하면 다시 하면 되지 않느냐고 간단하게 넘어갈 수 있다. 하지만 현상을 조금 더 자세히 살펴보면 그렇게 간단한 문제가 아님을 발견할 수 있다. 우리가 일을 잘못 처리하게 되면, 재작업을 하거나 고객에게 찾아가 상품이 이상을 없음을 설명하고 보증해야만 한다. 만약 이것이 여의찮으면 물건 자체를 폐기처분해야만 한다. 이러한 것들이 처음부터 일을 똑바로 처리하지 못했을 때 발생되는 문제이다. 이러한 문제는 빙산의 일각에 불과하다. 처음부터 일을 똑바로 처리하지 못하면 보이지 않는 엄청난 손해를 감수해야만 한다.

기업이란 조직은 부단하게 앞을 보고 전진해 나갈 때 성장할 수 있다. 처음부터 일을 잘하지 못하게 되면, 문제 해결을 위해

경영자와 관리자가 시간이라는 귀중한 자원을 지나간 문제에 소비해야만 하고, 또 해결이 여의치 않으면 더 많은 인원과 시간을 투자해야만 한다. 최악의 경우 고객이 원하는 문제를 해결하지 못하면, 생산현장의 가동을 중단하는 불행을 맞이할 수밖에 없다. 생산현장 일시중단은 기업성장에 치명타인 재고를 증가시키고, 또 재고증가는 매출액감소와 경쟁력 약화라는 결과를 초래한다. 이렇게 볼 때 기본명제는 '처음부터 똑바로' 하는 것임을 쉽게 알 수 있다. 처음부터 일을 똑바로 하는 것이야말로 경쟁력의 시발점인 동시에 '창조'로 향하는 기본임을 가슴속 깊이 새겨야만 할 것이다.

보이지 않는 병, 무너지는 경쟁력

추진력, 기획력, 인간성 모두가 다 만점인 병선이가 담당과장으로부터 늘 듣는 말은 "전부 다 좋은데 끝마무리가 부족한 것이 흠이야. 기안한 문서를 보면 속이 다 시원할 만큼 빈틈이 없어, 문서 오타 빼고는 말이야. 앞으로는 문서 오타에 대해 조금 더 신경쓰게"라는 것이었다. 이런 말을 들을 때마다 "예, 알겠습니다. 앞으로는 신경을 쓰겠습니다"라고 시원스럽게 말은 하지만, 속으로는 '오타, 그게 뭐 대단해, 하고자 하는 내용만 명확하게 전달하기만 하면 되지' 하며 충고를 우습게 넘겨버렸다.

"나보다 기획력, 추진력이 더 우수한 사원있으면 나와 보라고 그래. 그까짓 사소한 오타나 맞춤법 좀 틀린걸 가지고 뭘 그렇게 요란스럽게 이야기 하나, 중요한 것은 내용과 타이밍이지 오타가 아니잖아, 뭘 몰라도 한참 모르네. 내가 과장이 되면 절대 그런 지저분한 소리는 안하겠다"라고 스스로에게 다짐하곤 했다.

금년 정기 인사 때 병선이는 그토록 기다리고 꿈꾸어 왔던 소망을 이루었다. 생산1과장으로 승진한 것이었다. 아내와 집안, 주위 동료의 진심어린 축하는 병선이에게 새로운 용기와 희망을 주기에 부족함이 없었다 "자네는 잘할 것이야, 자타가 인정하는 확실한 기획력, 불도저처럼 밀어붙이는 추진력, 원만한 인간관계, 하여튼 자네는 관리자로서 갖추어야 할 모든 요건들을 다 구비했어. 앞으로 열심히 하라고. 다시 한 번 진심으로 축하하네." 자신감이 철철 흘러 넘치는 신임과장 병선이는 두손을 불끈 쥐고 스스로에게 다짐했다. "확실하게 무엇인가를 보여주겠다. 이제부터 시작이다. 자, 전진하자 병선아, 힘내라"라고 스스로를 격려했다.

자신에 찬 이런 태도는 1달만에 무참히 깨지고야 말았다. 그것도 늘 사원시절에 "뭐 사소한 것을 가지고 그렇게 야단이냐고" 푸념하던 보잘것없는 것 때문에 말이다.

며칠 전 퇴근 무렵에 생산현장에 내려간 병선이는 아무렇게나 이러저리 나뒹굴고 있는 공구를 보고는 실망감을 감출 수 없었다. '아니, 이런 사소한 것도 제대로 정리정돈을 못해? 지금 회사에서는 5C운동이 한참인데, 이렇게 해서 제대로 된 상품이 만들어질 수 있겠는가, 내일 아침조회 때 꼭 이야기해서 단단히 주의를 주어야지, 이대로 방치하다가 큰 일 나겠어.' 다음 날 아침 조회 때, 끝마무리의 중요성에 대해 이야기하기 시작했다.

"경쟁력은 큰 것에서 나오는 것이 아니라, 조그만한 일을 직접 실천하는 데서부터 시작된다. 어제 아무렇게나 방치된 공구를 보고 실망감을 금치 못했다. 지금부터라도 끝마무리에 각별히 신경을 써달라"고 목소리를 높였다. 하지만 목소리의 톤이 올라가면 올라갈수록, 되돌아오는 것은 "물건 잘 만들면 되지 그까짓 공구 몇 개를 정리하지 않았다고 저 야단이냐, 뭘 몰라도 한참 모르네"라는 구성원들의 냉담함과 거부감뿐이었다.

'이 정도쯤이야, 이런 것 하나쯤이야' 하는 풍토속에서 제대로 된 제품이 나올 리 없다. 품질의 우수성을 결정하는 근본적인 요인은 기술력, 설계력이 아니라 얼마나 끝마무리를 잘하느냐에 전적으로 좌우된다고 한다. 우리주변의 '얼렁뚱땅,대충대충'의 기생충과 병균을 박멸하지 않는다면, 이 무서운 병균이 우리의 피와 살을 야금야금 소리없이 갉아먹어 급기야는 무기력하고 보잘것없는 비참한 존재로 우리를 전락시키고야 말 것이다. "사막을 옥토로 바꾸지 못하면, 사막이 우리를 죽일 것이다" 라고 이수라엘 수상이 국민에게 호소한 적이 있었다. 이와 마찬가지로 우리주변에 기생충처럼 만연하고 있는 얼렁뚱땅,적당적당의 병균에 혹시 내가 감염되어 있는 것은 아닌지를 지금 되돌아보자. 그리고 나부터 '얼렁뚱땅, 대충대충'에 과감히 마침표를 찍자.

잠을 잘 수가 없습니다

어떤 교수가 일본에 교환교수로 가있게 되었다. 가족과 함께 간 그는 조그만 아파트를 하나 빌렸는데 수리도 해야겠고 도배도 새로 하지 않으면 안되었다. 그래서 그는 가까운 수리점에 연락을 하여 일을 하게 되었다.

그런데 해가 저물어 도배를 마무리하지 않으면 안되었다. 일꾼은 다음날 일을 계속하자고 했으나 교수는 그 정도에서 그냥 마무리짓고 싶었다. 돌아간 일꾼이 밤중에 전화를 걸어왔다. 도배를 마무리해야겠다는 것이다. 교수는 뜻밖의 전화를 받고 전혀 그럴 필요가 없다고 설명하였다. 게다가 자기는 도배를 마무리하기 위해 일당을 더 지불하고 싶지도 않고 내일 시간이 없어 자기가 집을 지킬 수도 없다는 이야기하였다.

그러나 그 일꾼은 돈을 더 지불할 필요도 없으며, 열쇠를 관리사무실에 맡기고 가면 자기 혼자서 일을 마치고 가겠노라고 하였다. 일꾼은 꼭 일을 마무리하게 해달라고 통사정을 하였다.

그는 솔직히 고백하기를 자신이 하던 일을 마무리하지 못해서 마음이 편치 않아 도저히 잠을 잘 수가 없다는 것이었다. 교수는 그 일꾼의 장인정신과 완벽한 끝마무리에 대한 정성에 감복했다고 한다.

「인사관리」 93, 조영호 교수 칼럼, "어떻게 자기 일에 열정을 갖게 할 것인가")

소변볼 시간도 없다

인사부에 근무하는 갑식이가 늘 입버릇처럼하는 이야기는 "너무 너무 바쁘다. 소변 보러 갈 시간 조차 없다"라는 말이다. 채용과 고과업무를 맡고 있는 갑식이의 최근 일정을 살펴보면, 정말 눈코뜰새 없이 바쁘다. 주변 인근 고등학교, 전문학교, 대학교 방문은 밥먹듯이 하고, 멀리 떨어져 있는 학교를 1주일에 2~3번씩 방문할 만큼 업무가 산더미처럼 쌓여 있다. 그뿐만이 아니다. 생산부서장으로부터 하루가 멀다하고 사람충원 때문에 독촉을 받고 있어 제대로 책상에 앉아 조용히 일할 수 있는 형편이 못되었다. 사람 구하는 데 정신없는 갑식이를 보고 "어이 포주, 요즘 사업 잘되어가나, 어때?"하고 주위 동료사원들이 농담을 던지곤 한다.

짜증이 나거나 일이 잘 진행되지 않으면, "옛날 선배사원들이 인사담당자를 할 때는 사람이 남아돌았는데, 하필 내가 담당 하고 있는 지금은 왜 이렇게도 사람 구하기가 어려운지, 꼬일려니까 별게 다 꼬이네" 라고 불평을 토로했다. 그러잖아도 이런 산적한 업무에 스트레스를 받고 있는 갑식이를 절망감과 허탈감의 절벽으로 떨어지게 하는 일이 발생했다.

갑식이는 늘 이렇게 생각했다. 이렇게 열심히 일하고 있는데 나의 능력과 성실성에 대해 그 누구 하나 이의가 없을 것이다. 따라서 이번 인사고과도 내가 가장 잘 받을 것이다' 라고 확신하고 있었다.

하지만 인사고과 결과는 갑식이의 이런 소박한 소망과는 전혀 정반대로 나타났다. 실망감과 불만을 아무리 숨기려 해도, 숨길 수가 없었다.

이런 갑식이의 기분을 아는지, 모르는지 담당부장은 그날 저녁 갑식이를 조용히 불러 이야기하기 시작했다. "갑식씨, 옛날에는 열심히만 일하면 인정을 받았지만 지금은 상황이 많이 변했습니다. 지금 정말 중요한 것은 창의성입니다. 창의성없는 사원이 열심히 하면 할수록 창의성 있는 사원에게 누를 끼칠 뿐입니다.

노동생산성이 중요한 것이 아니라, 지식생산성을 바탕으로 창조하는 능력이 더 중요하다고 생각합니다. 갑식씨는 매우 열심히 하지만, 솔직히 효율성은 떨어진다고 판단됩니다. 효율성을 발휘하기 위해서는, 업무의 우선순위를 정하고 부가가치가 있는 일에 전념하는 습관을 가져야만 합니다." 조용히 이야기를 듣던 갑식이가 질문을 했다. "창조성을 높이기 위해 업무 우선 순위를 정하고, 중요한 일부터 집중적으로 하라는 말씀 이해하겠습니다. 그러면 어떤 기준으로 업무 우선순위를 정해야만 합니까?" "사람에 따라 다소의 차이는 있겠지만, 내가 나름대로 생각하는 업무 우선순위 기준은 긴급성과 중요성이라고 봅니다. 그림을 그려가면서 설명을 할테니까 앞으로 일을 처리할 때 참고했으면 합니다."

긴급성, 중요성 이 두 요건을 충족하는 유형에 열정과 혼을 바쳐 일을 해야 한다는 사실은 삼척동자도 익히 알고 있는 가장 기본적인 것임에도 불구하고 실상 우리들은 이렇게 하지 않고 엉뚱한 유형으로 시간을 보내며 일을 하고 있다. 한 연구기관이 조

사한 '영업사원의 업무 방식과 자세' 를 살펴보면 얼마나 엉뚱한
데다 시간과 정열을 낭비하고 있는지를 알수 있다.

〈업무 우선순위 기준표〉

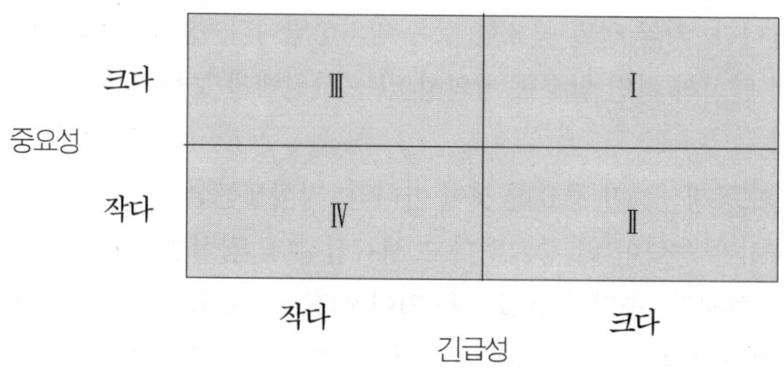

　온갖 노력과 난관을 극복하여 만든 신제품을 홍보하고 설명하
기 보다는, 기존에 자기가 영업해 온 제품판매에 통상 더 열심히
노력한다고 한다.
　새로운 제품에 대해 홍보하고 영업하기 위해서는 신규제품의
특징과 기능에 대해 공부해야 되고, 부수적인 노력이 필요하기
때문에 중요성과 긴급성을 충분히 알면서도 기존에 늘 해오던
제품 영업에 전력투구를 한다고 한다. 물론 모든 영업사원이 다
이렇다는 것은 결코 아니다. 하지만 이런 경향이 짙은 것은 틀림
이 없을 것 같다. 효율성이 떨어지는 사람, 현실안주라는 울타리
안에서 복지부동하는 사람들의 한결같은 공통점은 Ⅰ유형에 대

한 정면도전을 두려워하거나 소극적인 사람들이다. 어제의 방식과 관행이 더이상 통용되지 않는 미지의 세계에 우리는 전진해 나가고 있다. 새로운 방식, 새로운 태도로 문제를 바라보고 그 문제를 하나하나 해결하는 도전정신이 무엇보다도 시급히 요구되고 있다. "바쁘다, 바빠"라고 이야기할 것이 아니라, 내가 정말 가치있는 업무에 정열과 시간을 투자하고 있는지를 곰곰이 저울질해 보아야 한다. 하루해가 저물어 퇴근할 때 자신에게 자문자답해 보자. 오늘 처리한 업무는 과연 무엇이고, 그중에서 정말 창조적인 업무는 얼마나 되는가를. 많이 열심히 하는 것이 중요한 것이 아니라, 얼마나 '효율성'을 발휘했느냐가 중요한 것이다. 효율성에 도전하는 것이 바로 스스로 일을 창출하는 것이다.

당신 혼자 일 다하나

지칠대로 지친 피곤한 몸으로 집으로 돌아온 갑식이는 뾰로통하게 대하는 아내의 태도 때문에 벌컥 화가 났다.

"아니, 처자식 먹여 살리기 위해서 바깥에서 파김치가 되도록 일하고 온 남편을 대하는 태도가 그게 뭐야, 도대체 뭐가 불만이야"라고 한 마디 했다. 평소 이해심 많고 조용한 갑식이 부인은 힘들어 하는 남편의 모습이 안타깝고 미안해서 화가 나도 스스로 삼키고 좀처럼 싫은 내색을 하지 않았다. 알뜰하고, 이해심 많고, 억척같은 아내 덕분에 전세방을 면하고 조그만 보금자리도 가질 수 있었다. 갑식이도 이런 점을 늘 고마워했다. 그리고 평소에 잘 대해주지 못하는 것에 늘 미안한 마음을 가지고 있었다. 그래서 그냥 넘어갈 수도 있었지만, 회사 일에 지칠대로 지친 갑식이는 자기도 모르게 화를 내고 말았다.

평소 같으면 잠자코 있을 갑식이 아내는 속도 상하고, 갑자기 화를 내는 남편이 원망스럽고 미워서 아주 신경질적인 목소리로 한 마디 했다.

"당신 혼자 회사일 다해요? 웬만하면 이런 이야기 하지도 않아요, 허구한 날 11~12시에 퇴근하니 도대체 어떻게 된 일이에요? 옆집 철수아빠는 일찍 들어와서 아기하고 놀아주고 집안일도 도와주고, 외식도 하고 재미있게 사는데, 우리는 이게 뭐예요? 애들이 아빠얼굴 잊어버릴까 걱정돼요." "난들 늦게 들어오고 싶어 늦게 들어오나? 일이 많은데 난들 어쩌란 말이야. 나도 죽겠어. 산다는 것이 뭔지 정말 힘들어, 어쨌거나 당신이 이해해야지"라고 설득하기 시작했다. "일이 많고 적음의 문제가 아니라 습관적으로 늦게 오는 것 같은 생각이 들어서 이야기 하는것이에요. 집안 청소를 할 때 온 힘을 쏟아 바짝 일을 하면 3시간 만에 끝나지만, 반대로 성의없이 일을 하면 6시간 해도 끝이 없어요, 일을 할 때는 정신을 집중해서 혼을 바쳐 하고, 적당한 마음의 쉼표를 가져야 능률이 오른다고 생각해요."

누가 말했던가, 여자가 결혼하면 논리적, 합리적으로 변한다고. 더 이상 할말을 잊어버린 갑식이는 "알았어, 앞으로 일찍 들어올게, 내 노력하지"라는 말을 뒤로하고 세면장으로 몸을 숨기고 말았다. 세면장 거울에 비친 자기의 얼굴을 보자 "당신 혼자

일 다 해요?"라는 아내의 말이 떠올랐다. 그리고 천천히 거울에 비친 얼굴에게 물어 보았다. 정말 당신 혼자 일 다 하느냐고. 갑식이는 이날따라 제대로 잠을 이룰 수가 없었다. 잠을 청하면 청할수록 더욱 더 선명하고 또렷하게 '나는 일의 창조자가 아니라, 일에 정복당한 사나이'가 아닌가 하는 생각이 들었다.

불과 몇년 전만 하더라도 철야와 특근일수가 많은 사람이 우수한 인재로 평가받는 보증수표가 된 적이 있었다. 일을 많이 하고 적게 하는 것이 중요한 것이 아니라, 얼마나 오랫동안 회사에 있느냐가 전적으로 중요한 승진 요소였다. 창조성이 더욱 더 의미를 가지는 시대에서 이렇게 해서는 절대로 성공자, 인재가 될 수 없다. 주어진 업무시간에 밀도있게 업무를 처리하고, 혼을 바쳐 일에 몰입해야만 한다.

일의 시간이나 길이가 중요한 것이 아니라, 얼마나 밀도 있게 업무를 처리했느냐 하는 '질'이 더욱 더 중요한 것이다.

조그만 구멍가게 주인도 그날의 손익을 파악하기 위해 일일결산을 하듯이, 비즈니스맨들도 그날의 계획된 업무를 얼마나 처리하였는지를 분석하여 스스로 일일 업무결산을 해야만 한다. 특별한 일도 없는데 회사에 남아 시간을 파괴하는 사원은 회사의 귀중한 돈을 축낼 뿐이다. 30분 일 더하기 운동에서 30분 더 밀도있게 일하는 사고방식과 자세를 가져야만 한다.

스스로 일을 창출한다는 참된 의미는 혼을 바쳐 일하는 정신과 자세로 부단하게 창조해나가는 것임을 명심해야만 한다.

변하는 풍속도

회사생활을 10년 이상 한 사람들이 술 한 잔 들어가면 공통적으로 하는 이야기 중의 하나가 "옛날 우리가 신입사원 시절 철야를 참 밥먹듯이 했는데 요즘 신입사원은 도대체가 틀렸어, 요즘 신입사원들은 도저히 이해하지 못하겠어. 선배사원이 퇴근도 안했는데 '먼저 퇴근하겠습니다' 한 마디 하고는 퇴근하질 않나, 요즘 정말 세월 좋아졌어"라는 말이다. 2000년 전에 만들어진 이집트의 한 묘비에도 '요즘 젊은이들은 이해하지 못하겠다' 라는 말이 적혀있다고 한다. 예나 지금이나, 동서양을 막론하고 세대차는 항상 있어 왔고 또 앞으로도 계속될 것이 틀림이 없다. 오로지 회사에만 충성하고 전력투구하는 것이 인재로 평가받던 시절이 있었다. 창조성과 발상의 전환이 빛을 발하고 있는 시대에는 이렇게 해서는 안된다. 중용과 균등의 견지에서 회사와 자기자신의 발전을 슬기롭게 조화시켜 나가야만 한다. 회사와 가정(자신)의 두 축을 기준으로 사람을 분류하면 '설상가상형, 불도저형, 화기애매형, 금상첨화형' 으로 구분할 수 있다.

회사		
충실	불도저형	금상첨화형
불충실	설상가상형	화기애매형
	불충실	충실
	가정 (자신)	

• **설상가상형**

이런 유형만큼 불쌍한 유형도 없다. 회사와 가정(자신) 그 어디에도 환영하는 이 없는 서글픈 형태의 유형이다. 회사에서는 상사의 눈치를, 집에서는 집사람의 눈치를 보고 오직 반기는 이는 술집뿐인 그런 유형이다. 업무개선에 대한 관심이라고는 애당초 눈썹고도 찾아볼 수 없고, 상사가 잠시 자리를 비우면 신바람나는 그런 사람이다. 혼자 병들면 문제가 없는데 물귀신처럼 열심히 일하는 주위동료와 같이 망하려고 무진장 노력하는 대표주자이다. "이 사람아, 열심히 한다고 누가 알아주나, 적당적당 쉬어가면서 하자구. 이런들 어떠하리, 저런들 어떠하리." 이런 유형의 사람들은 업무를 열심히 하면 할수록 회사에 손해만 안겨준다. 가만히 있는 것이 회사를 도와주는 것이 된다. 이런 사람은 회사와 개인 모두를 위해 한시 바삐 회사를 떠나는 것이 좋다.

특히 리더가 이런 형이라면 그 부서는 그 순간 사형선고를 받은 것과 다름이 없다. 창조성과 성실성을 겸비한 구성원의 참신한 아이디어를 "귀찮다. 왜 시키지도 않은 일을 하려고 하느냐"라는 핑계로 무참하게 짓밟아 버리기 일쑤다. 설상가상형의 업무표준은 '대충대충, 적당적당'이며, 유독 잘하는 단 한 가지는 '눈치' 뿐이다. 분위기를 파악해서 공기가 심상찮으면 밤늦게 까지 열심히 일하는 체 하고, 공습경보가 해제되면 동시에 모든 일을 종료하고 만다.

이 유형은 회사와 가정(자신) 그 어느 곳에도 시간과 정열을 쏟지 않고, 그저 하루하루를 기분내키는 대로, 무계획적으로 살아가는 유형이다.

　일하는 것도 아니고, 가정이나 자신에 충실한 것도 아닌 그저 시간만 보내며 회사의 발전과 성장을 가로막고 있는 존재다. 혹시 내가 회사와 나를 스스로 망치는 '설상가상형' 유형은 아닌지 되돌아보자.

• 화기애매형

　회사와 가정에서 생활태도가 180도 변하는 대표적인 유형이다. 회사에서는 일을 하자고 하는 것인지, 놀러 온 것인지 구분하기가 애매하지만 일단 퇴근 후 집에 돌아가면 완전 다른 사람으로 돌변, '성실'의 대명사, 보증수표가 되어 버린다. 부인은 "우리 남편보다 더 능력있고 가정에 충실한 사람 있으면 나와보라"고 자신있게 이야기할 만큼 가정적이다 이런 부인들 때문에 애꿎게 고생하는 것이 바로 '천만다행형'이다. 천만다행형의 부인은 남편에게 "당신 혼자서 회사일 다 하느냐, 당신 없으면 회사가 망하느냐, 다른 남편은 일찍 퇴근해서 못도 치고, 가구도 고쳐주고, 화분도 가꾸고 하는데 왜 허구한 날 당신은 늦게 퇴근하느냐"라고 몰아세운다. 동시에 "그러면 내가 늦게 오고 싶어 늦게 오느냐, 다 식구들 먹여 살리려고 그러지, 누구는 고생하고 싶어 하느냐"하는 남편의 반박이 시작되고 부부싸움으로 이어지기도 한다. 화기애매형은 업무의 개선보다는, 개인적인 용무에 더욱 더 관심이 많아, 하루시간 중 상당부분을 개인적인 일에 시간과 정열을 쏟아 붓는다. 자식 자랑, 부인 자랑, 집안의 문제 등 화제의 대부분은 전부 사적인 문제들뿐이다.회사 업무야 내가 아니더라도 똑똑하고 성실한 누군가가 하겠지 하는 의타심이 팽배해 있어, 스스로 일을 찾아서 개선하고 아이디어를 제시하는 데는 상당히 무신경하다.

일에 대한 집요한 집념과 적극성이 결여되어 있는 이 유형의 업무표준은 "어떻게 되겠지. 시간이 지나면 해결되겠지.나도 몰라, 될대로 돼라' 이다. 한 마디로 '화기애매형' 은 가정에서는 자산이나, 회사에서는 있으나마나한 그런 존재이다.

• 불도저형

6.25전쟁 이후 태어난 40~50대가 대표적인 '불도저' 유형에 속한다. 고도성장의 주역, 산업의 일꾼, 밥 먹으면서도 회사생각, 집에 와서도 회사생각, 하여튼 '앉으나 서나 당신(회사) 생각' 만 하는 그런 유형이다.

일에 대한 확실한 집념, 강한 승부욕, 성취감을 통해 만족감을 느끼는 대표적인 유형이다. 회사가 곧 자신이고, 자신이 곧 회사이다. 마치 일을 위해 태어난 사람처럼, 일 이외에는 별반 관심이 없다.

계획한 대로 일이 잘 진행되지 않을 때 엄청난 갈등과 스트레스를 받으며, 심한 좌절감을 느끼기도 한다. 심하게 표현하면 일을 하지 않으면 온몸이 근질근질하고 불안감을 느끼기도 한다. 하여튼 일을 할 때가 가장 편안하며, 온몸에서 강한 에너지가 샘

솟는다.

늘 하던 일보다는 남이 하지 않는 미지의 일에 강한 호기심과 도전하는 것을 좋아한다. '좋다, 해보자. 기다려라, 내가 간다' 라는 식이다. 추진력, 도전의식, 승부욕으로 똘똘 뭉친 이 불도저형의 업무표준은 '완벽주의, 미지에 대한 도전' 이다.

만약에 부장이 '불도저형' 이고 과장이 '설상가상형, 화기애매형' 이면 하루라도 조용히 넘어가기 어렵다. 성질 급한 부장, 일에 전부을 걸고 있는 부장, 반면에 될대로 돼라, 어떻게 되겠지 하는 화기애매형 과장, 물과 기름의 이 상반된 유형은 붙었다 하면 감정이 격화되고 서로에 대한 감정의 불씨는 클 수밖에 없다.

공과 사의 명확한 구분, 개성과 자유로움을 추구하는 요즘 신세대에게 가장 환영받지 못하는 유형이 바로 이 '불도저형' 일 것이다. 우리 속담에 "지나침은 모자람만 못하다"는 말이 있다. 가정에 치우친 '화기애매형', 회사에 모든 것을 걸고 있는 '불도저형' 은 한쪽에서는 환영받는 '자산' 인 동시에 다른 한쪽으로부터는 불신을 받는 '부채' 이다

• 금상첨화형

회사와 가정 모두에게 꼭 필요한 그런 유형이다. 회사에서는 업무를 주도적으로 처리하고 부가가치를 창출하는 "人材' 요, 집에서는 모진 비바람도 막아주는 울타리요, 등대인 것이다. 이런 사람들은 '조화' 와 '균등' 이라는 단어를 가장 좋아하고, 내가 잘났다고 나를 앞세우기보다는 자신을 낮추는 겸손과 예의를 겸

비한 사람들이다. 나라는 단어보다는 '우리'라는 단어를 더 좋아하며, 어느 쪽에도 치우침이 없는 균형감각을 가지고 있다.

마음의 쉼표를 활용할 줄 알고, 보다 나은 내일을 위해 가정과 자기자신에게 충실하려는 가치관을 가지고 있다.

이 유형은 앞을 내다보는 예리한 눈과 날카로운 통찰력, 미래 변화를 꿰뚫어보는 혜안을 가지고 있다. 주어진 업무시간에는 혼을 바쳐 일을 하고, 삶의 질을 위해 가정이라는 마음의 쉼표를 활용하고, 부족한 자신을 보충하기 위해 부단하게 노력한다. 나태해지는 자기자신에게 늘 채찍질을 가하고, 남과 확실히 구분되는 차별성을 지니기 위해 늘 노력하고 분발하는 그런 유형이다.

회사와 가정(자신)양자에 충실한 사람이 되어야만 한다. 그러기 위해서는 앞에서 언급한 스스로 일을 창출하는 그런 사람이 되어야 함은 물론이거니와 부족한 자신의 실력과 능력 함양을 위해 자신을 되돌아보고 분발해야만 한다.

19. 내일은 없다

어제 저녁 신입사원 환영식에서 과음한 병선이는 퇴근시간이어서 오기만을 손꼽아 기다리고 있다. 평소 술 한 잔 들어가면 "내일은 없다. 부어라 마시자"라는 말을 늘 하곤 했다.

이날도 한잔 술에 슬픔을 날려보내고, 한 잔 술로 청춘을 불태우자며 분위기를 이끌고 있었다. 도가 지나치면 부족함만 못하다고 하지 않는가. 병선이가 술을 마셨는지, 술이 병선이를 마셨는지 구분이 안될 정도로 곤드레 만드레가 되었다. 평소 업무능력 탁월하고 인간성도 좋아 모든 사람이 좋아하지만 술을 절제하지 못하여 과음한 다음날은 항상 지각을 했다. 지각한날은 이빨을 깨물며 늘 다짐을 하곤 했다. "오늘부터 절대로 술을 마시지 않는다. 내가 술을 마시면 성을 바꾸겠다. 술이 웬수야"라고 말이다. 작심 3일이라는 말도 있지만 술에 관한 병선이의 결심은 '작심 3시간' 이었다. "오늘 저녁 한 잔 어때?"라고 주위동료가 유혹하면 언제 술을 마셨는지, 언제 그런 결심을 했는지 까맣게 잊어버리고 만다. "그래, 한 번뿐인 인생, 좋아, 마시자고" 말이다.

술이나 도박때문에 패가망신한 사람의 모습을 종종 보게 된다. 술이 나쁘다는 것이 결코 아니다. 주위동료와 적당히 마시는 술은 서로의 흉금을 터놓게 하고 더욱 더 친숙하게 만드는 촉매이기도 하다. 오늘의 나는 어제 내가 투자한 나의 모습이고, 내일의 나는 현재 내가 투자한 소산물이다.

이렇게 볼 때 '오늘' 은 오늘이 아니라 또 다른 '내일' 인 것이다. 퇴근 후 어떻게 자기관리를 하느냐 하는 것은 전적으로 본인의 자유이다. 술집에서, 오락장에서 시간을 보내든, 반대로 자기계발을 위해 투자하든 그것은 그 사람의 자유인 것이다. 하지만 창조력이 그 무엇보다도 중요한 요즘시대에 살아가는 우리 현대인이 명심해야 할 것은 '내일은 없다' 가 아니라, '내일은 또 다른 오늘' 이라는 사고를 가지고 부단하게 자기관리를 해야한다는 점이다.

성공자와 낙오자를 판가름나게 하는 것은 퇴근 후 자기에게 주어지는 시간이라는 자원을 어떻게 활용하느냐에 전적으로 달려있다. 자기자신에게 영양분을 끊임없이 투자하는 자, 그 이름은 '성공자, 인재' 이다.

내일의 진정한 의미를 다시 한 번 되새기고, 오늘에 충실한 나를 만들어 나가야만 한다.

표어	현재 나의 모습	미래 나의 모습
내일은 또 다른 오늘 !		

20. 실천이라는 평범한 단어

나의 주인은 나

이 세상에서 '나'라고 하는 실체는 하나이지, 절대로 둘이 될 수 없다. 내 인생의 주인공은 오직 나뿐이다. 주변의 가까운 사람들 - 부모, 배우자, 자녀 - 들은 인생의 동반자일 뿐이다. 동반자가 내 인생의 각본을 대신 연출해 줄 수가 없다.

인생이라는 한 편의 각본을 쓰는 것, 연출하는 것, 관객을 사로잡는 것, 성공하는 것, 이 모두의 주인공은 오직 나 자신뿐이다. 대여도 임차도, 연습도 통용되지 않는 한 번뿐인 인생을 성공적인 작품으로 만들어야 하지 않겠는가. 우리 인간은 '피, 눈물, 땀'이라는 3대 액체를 가지고 있다. 피는 용기와 열의를 상징하고, 눈물은 고통에 대한 도전을 가리키며, 땀은, 성공하기 위한 행동과 실천을 의미한다.

무릇 모든 일이 마찬가지이지만, 최후의 승리자는 실천하는 자의 몫이다. 피, 눈물, 땀 없이는 그 어떤 것도 얻을 수 없다. 3대 액체 없이 얻은 한 순간의 성과는 오랫동안 붙잡아 둘 수 없다. 왜냐하면 이 3대 액체는 실천하고 도전하는 자를 식별하는 눈과 귀를 가지고 있기 때문이다.

인생은 예술이요, 생활은 작품이다. 우리는 아름다운 명작을 만들어야만 한다. 인생의 그림은 전적으로 나에게 달려 있다. 남이 나의 인생을 살아주는 것도 아니고 나만이 나의 인생을 살 수 있다. 나의 인생에서 내가 주인공이 되기 위해서는 성실한 자세로 진지하게 살아야만 한다. 사람이 지혜가 부족해서 열의가 모자라서, 능력이 없어서 실패하는 경우는 드물다. 우리에게 부족한 것은 결심한 것을 실천에 옮기는 일이다. 실천하지 않는 결심이란, 헛된 것이며 실천을 통해서 비로소 목표에 도달할 수 있는 것이다. 강물이 바다를 향해서 끊임없이 흘러가듯, 성공을 향해 자신을 부단하게 단련시키고, 목표를 향해 전진해 나가야만 한다.

나를 가로막는 것도, 나의 주인공도 나라는 사실을 잊지 말아야 한다. 또 나약해지는 자신에게 단호하게 말할 수 있어야 한다. "나는 행동하는 성공인이 되고야 말겠다"고, "나의 인생 주인공이 되겠다"고 말이다.

자신에게 충실하자

사람들은 보통 다른 사람과의 약속 준수는 많은 신경을 쓰지만, 자신과의 약속에는 매우 관대한 경향이 있다.

우리들은 자신의 보다 밝은 미래를 위해 숱하게 자신과 약속하고 맹세하나 그것이 지켜지는 일은, 다시 말해 자기와의 약속이 실행에 옮겨지고 처음 계획대로의 결말을 보게 되는 일은 그다지 흔치 않다.

흔히 계획대로 일이 잘 진행되지 않으면 그 원인을 다른 데에서 찾고자 노력한다. "나는 노력하고 끝까지 실천하려고 했는데 누구 때문에, 무엇 때문에, 누가 도와 주지 않아서 못했다"는 자기변명과 합리화에 길들여져 있다.

진정 성공자가 되기 위해서는 주변여건이나 환경을 탓해서는 안된다. 남에게 보낸 그 엄격하고 예리한 눈을 거두어 나를 향하게 하여, 부족하고 잘못된 점을 찾아서 과감히 고치는 용기를 발휘해야만 한다.

주위 여건을 탓하는 그런 예리한 눈과 냉철한 판단력의 눈으로 나를 보아야만 한다. 인생을 성공으로 이끌기 위해서는 근본적인 변화를 일으키지 않으면 안된다. 변화의 출발은 마음의 뿌리에서 출발한다. 남에게, 주위 여건과 환경으로 실패를 돌리는 마음의 뿌리를 나로 바꾸지 않고서는 나무나 잎을 바꿀 수 없다. 엉뚱한 방향으로 벗어나 있는 마음의 뿌리를 자신에게 돌려야 하며 자신에게 충실한 사람이 되어야만 한다.

나의 마음의 뿌리는 지금 어디로 향해 있는지를 살펴보고, 혹시 엉뚱한 방향을 가리키고 있다면, 지금 당장 그 뿌리를 돌봐야만 한다. 그 길만이 새로운 나를 탄생시키는 확실한 길이다.

작은 실천, 엄청난 격차

어느날 자동차로 여행을 하는 도중에 파리가 차안의 바람막이 유리에 머리를 비벼대고 있는 것을 보았다. 파리는 1시간 동안 계속해서 머리를 비벼대고 있었다. 파리는 밖으로 나가려 하는 것이었다. 달리고 있는 동안에도 차의 유리창은 거의 열려 있었기 때문에 파리는 언제라도 밖으로 날아갈 수가 있었다. 그러나 파리는 계획성이 없기 때문에, 유리에 머리를 비벼대고 있었던 것이다. 만약 파리가 행동을 중지하고 조용히 주위를 둘러보고 상황판단을 하고서 계획을 세웠다면 금방 밖으로 나갈 수 있었을 것이다.

출발점으로부터 전구간을 차 속에서 나가지 못하고, 자신이 가고 싶은 곳도 가지 못하고 자신의 목적으로부터 떨어져 있게 된 것이다. 파리와 같은 행동을 하고 있는 사람이 많지 않을까? 사람들은 자신이 무엇을 바라고 있는지를 알고 있지만 그러나 그것을 위해 조직적으로 실행하는 경우는 드물다. 매일 매일 계획을 세우지는 않는 것이다. 당신은 어떠한가? 유리에 머리를 비벼대고 있는 것에 만족하는가, 아니면 계획을 세우고 실천하는 쪽을 선택하는가? 인생의 주인공이 되기 위해서는 먼저 행동하는 신념의 인간이 되어야 한다. 구경만 하는 구경꾼이 되어서는 절대로 안된다.

승부를 거는 경주인이 되어야 한다. 승부를 거는 경주인이 되기 위해서는 자기가 자기인생의 주인공이 되어야만 하며, 철저하게 자기혁신을 실천해 나가야만 한다.

이 세상 수많은 혁신 중에서 가장 어렵고 힘든 것이 바로 '자기혁신'이다. 경영혁신, 재무혁신, 생산혁신 등은 내가 주체가 되는 것이 아니라, 누군가가 이끌어가는 대세에 몸과 마음을 편승하기만 하면 된다.

하지만 자기가 자기인생의 주인공이 되는 자기혁신은 자기가 주체가 되는 혁신이다. 혁신은 새롭게 고친다는 것을 의미한다. 혁신은 창조와 고통의 수반을 요구한다.

자기혁신은 이 세상에서 가장 쉽고도 어려운 것이다. 왜냐하면 자기와의 약속을 위반해도 이를 구속하거나 제재를 가할 사람이 아무도 없기 때문이다. 알고 있는 것과 실천하는 것은 엄연하게 다르다. 지금 우리에게 요구되는 단 하나의 명제와 과제가 있다면, 거창한 구호나 말만 앞서는 평론가가 아니라, 미래를 향해 두 발로 힘차게 달려가는 실천가이다. 자, 이제 나부터, 지금 당장, 가장 사소한 것부터 하나하나 실천해 나가자! "내가 변하면 세계가 변한다"는 스페인 속담을 명심하여 새로운 사고, 새로운 태도, 새로운 행동으로 거듭 태어나 보자! 내 인생의 주인공이 되어 보자!

제 4장
자신을 지배하는 자가 세계를 지배한다

21. 배움에는 장벽이 없다

보이지 않는 벽

한 개의 수족관에 얌전한 삼치와 거칠고 사나운 꼬치고기를
넣고 한장의 유리로 구분하여 2마리의 고기를 격리하였다. 꼬치
고기는 유리 칸막이가 있는 줄 모르고 즉시 삼치에게 달려들었
다. 그때마다 꼬치고기는 유리에 몇 번이나 부딪히는 아픔을 겪
어야 했다. 그래서 결국에는 스스로 공격을 단념해 버렸다. 한참
지나서 유리 칸막이를 제거했을 때도, 꼬치고기는 유리 칸막이
가 있는 곳까지는 헤엄쳐 왔지만 그곳까지 와서는 그냥 되돌아
가 버렸다. 먼저와 같이 칸막이가 있다고 생각한 것이다.

이 꼬치고기와 같은 사람들도 많다. 이 사람들은 장애가 있다
고 생각하는 곳까지는 전진하지만, 곧 단념해 버린다. 왜냐하면
자기자신이 스스로 자신의 한계를 결정해 버리기 때문이다. '나

는 지방대학 출신이니까, 나는 머리가 좋지 않기 때문에, 나는
소질이 없기 때문에, 나는 연줄이 없기 때문에' 라는 구실로 자
기의 입장을 합리화하는 자세로는 이 험난한 세상을 헤쳐나갈
수 없다.

회사는 사원들로부터 실력을 사는 것이지, 학력을 사는 것은
아니다. 그럼에도 불구하고 많은 사람들은 학력의 부족함을 한
탄한다. 학력만 내세우는 사람은 실력없는 사람들이다. 사람의
능력을 평가하는 것은 업무 실력이지 학력은 아니다. 학력은 입
사시에만 필요한 구비서류일 뿐이다.

학력이라는 보이지 않는 벽에 스스로를 좌초시키는 어리석음
에서 벗어나야만 한다. 지금의 시대는 학력의 시대가 아닌, 실력
의 시대, 전문가의 시대이다.

공부하는 철학을 갖자

우리 모두가 잘 알다시피, 기업정년(停年)은 별도로 정해져
있는 것이 아니라 개인능력이 소진될 때가 곧 정년이다. 경영자
원 중 토지, 자본, 노동 등은 불변자원인데 반해 사람의 가슴속
에 내재된 지식은 가변자원이다. 지식향상을 위해 부단하게 노
력하고, 철저한 자기관리를 선행해 나갈때 지식은 눈덩어리처럼
불어나게 되고, 반대로 자기관리, 자기쇄신을 소홀히 하게 되면
어느덧 무능한 지식인으로 전락하고 만다. 세계적으로 명성을
날리고 있는 기업을 면밀히 살펴보면, 예외없이 변신을 시도하

는 경영자와 간부들을 발견하게 된다. 이러한 변신의 밑바탕은 바로 공부하는 철학에서부터 시작된다.

일류기업을 만들기 위해서는 먼저 최고경영자가 일류가 되어야만 한다.

일류 경영자를 보고 간부와 사원들도 일류가 되려고 노력하게 되는 것이다. 우리의 현실은 어떠한가? 학교를 졸업하고 기업에 입사하는 그 순간 공부하는 자세와 마음은 저멀리 반납하고, 그냥 하루하루를 의미없이 살아가고 있다고 해도 과언이 아닐 만큼 공부하는 모습을 찾아보기가 어렵다. 기업은 생산집단이자 동시에 교육집단이다. 기업은 계속적으로 직원을 아끼고 키우며, 그들의 잠재능력을 향상시키지 않으면 안된다. 하지만 더욱 더 중요한 것은 변신의 주체는 본인이며, 본인의 노력과 변화없이는 그 어떤 것도 성취 할 수 없다는 사실이다. 관리자와 리더가 공부하지 않는 것을 부끄러워하지 않는 풍토 속에서 조직의 발전을 기대한다는 것은, 너무 심한 욕심이 아닐까?

"하늘은 스스로 돕는 자를 돕는다"라는 말은 유명한 격언이지만, 자기계발을 하는 자만이 참다운 성장을 할 수 있고, 타인의 생각이나 말에 동요하지 않고 자신의 생각 아래서 행동하고 자신의 언어로 이야기할 수 있는 자만이 진실로 자기답게 살아가고 있다고 볼 수 있다. 인생에서 중요한 것은 언제나 어디서나 배우고자 하는 정신과 의지다. 우리는 초등학교의 어린학생과 같은 왕성한 호기심과 지식욕, 향학열을 가지고 항상 배우고 공부해야 한다.

〈공부하는 철학을 갖자〉

· 기업 입사와 동시에 공부는 끝이다.
· 업적과 성과가 모든 것을 말해준다.
· 공부는 시간이 있는 자만이 하는 것이다.
· 이 나이에 공부해서 무엇하겠는가.

· 내자신에 충실하기 위해서 지금부터 공부를 해야겠다.
· 졸업은 새로운 시작이다. 졸업과 동시에 공부는 시작된다.
· 새로운 출발을 위해 지금부터 변신하겠다. 공부하는 철학을 갖는 자만이 새로운 내일을 기약할 수 있다.

고등학교, 대학교에서 배우는 것만으로는 절대로 유능한 인재가 될 수 없다. 언제나 어디서나 배우며 누구한테서나 배우고, 무슨 일에서나 배우려는 마음의 자세를 갖는 것이 중요하다.

우리는 일생 동안 학생의 마음으로 살아야 한다. 대학을 졸업하고 사회에 나오면 공부를 다 끝낸 것으로 생각하고 배우려는 노력을 게을리 한다. 유능한 인재는 언제나 어디서나 배우는 사람이라는 것을 잊지 말아야 한다.

학력 위주에서 능력주의로

　생애 500여권의 책을 집필한 미국의 링컨 대통령의 학력이 초등학교 4학년 중퇴라면 믿을 사람이 있을까? 아이슈타인이 학력검정시험에 낙방했었다면 믿을 사람이 있을까? 그러나 실제로 아이슈타인은 스위스에서 대학진학에 실패하고 나중에 취리히공과대학에 입학하여 수학과 기하학에 전념해 훗날 수학자가 아닌 물리학자로 그 이름을 세상에 남겼다. 케임브리지대학 출신들로 가득찬 영국의 보수당내에서 초고속 성장을 거듭하여 마침내 47세의 나이로 수상의 자리에 오른 존 메이저의 학력은 고등학교 졸업이 전부다. 이 세상에서 역경과 어려움을 극복한 수많은 사람들은 자기자신과의 싸움에서 승리한 사람들임을 알 수 있다.

　자신과의 싸움에서 이긴다는 것은 활화산 같은 의욕과 끈기를 바탕으로 언제 어디서나 항상 공부하는 철학을 가질 때 가능한 것이지 그냥 저절로 성취할 수 있는 것은 아니다. 우리를 둘러싸고 있는 국제적인 환경여건은 실력과 능력있는 인재를 원하지 학력을 원하는 것은 아니다. 실력이 부족하면 기업과 개인은 자연도태되거나 낙오될 수밖에 없는 그런 시대이다. 한 마디로 학력, 출신교보다는 남보다 무엇을 더 잘할 수 있느냐 하는 점이 더욱 더 의미를 가지는 시대에 살아가고 있는 것이다.

　나는 지방대학 출신이니까, 나는 머리가 나빠서, 나는 소질이 없어서라는 자기변명과 자기한탄, 한숨은 우리들의 능력을 좀먹고 성장을 가로막는 가장 무서운 원흉이다. 어느 분야에서건 성공을 위해 필요한 것은 적극성,창의성,포용력이지 불평과 한숨은 절대로 아니다. 한탄과 불평만 할 만큼 우리 인생이 길지는 않다. 자신을 방치하고, 자신의 능력을 사장할 만큼 많은 시간을 가지고 있지도 못하다. 진정 이 시대 기업이 원하는 인재로 변신하기 위해서는 지금부터 당장 나를 단련시키고, 공부 철학을 몸에 배게 해야만 한다.

베토벤은 천재 이전에 노력가

베토벤이 즐겨쓰던 명언에 다음과 같이 말이 있다. "향상심으로 불타는 유능하고 근면한 사람에게는 정지(停止)라는 팻말을 세울 수 없다". 어느날 피아노 연주자인 모쉐레스가 베토벤에게 오페라 '휘델리오'의 피아노 악보를 전달했는데 그 마지막 페이지의 한 구석에 "신의 도움으로 무사히 연주가 끝나도록…" 이라고 적혀 있었다. 그것을 본 베토벤은 곧바로 펜을 들고 이렇게 덧붙여 썼다. "신에게 의지한다는 것이 무슨 말인가. 스스로의 힘으로 스스로를 돕도록 하라." 이 말이 베토벤에게는 예술가로서의 생애에서 좌우명이었던 것이다. 많은 사람들은 베토벤을 천재라고 말한다. 하지만 천재 베토벤의 이면을 보면 평생 배우는 마음자세와 향학열이 불타고 있었던 것이다.

지식을 습득하는 길은 배움에 힘쓰는 사람이라면 누구에게나 동등하게 열려져 있으며, 확실한 목표만 설정되어 있으면 어떠한 어려움도 넘어설 수 있다.

필독서100권 읽기, 싫으면 퇴사하라

이 제목은 언론에 보도된 표제제목이다. 스스로 공부하지 않고 지나간 과거의 경험에 집착하는 사람, 현실안주병이라는 중독중에 걸린 사람들이 발붙일 공간은 점점 더 좁아질 수밖에 없다는 시대의 흐름을 이 표제제목을 통해 쉽게 느낄 수 있다.

많은 기업들이 이러한 '독서경영'을 도입하게 된 가장 큰 이유는, 사원들에게 '공부하는 철학'을 심어주고 마음의 눈, 안목을 넓히려는 데 있지 않나 생각된다. "하루라도 책을 읽지 않으면 입에 가시가 돋친다"라는 유명한 말도 있지 않은가. 책을 가까이 하게 되면 잃어버린 나를 찾고, 나아가 마음을 풍요롭게 살찌게 할 수 있다.

우리 옛속담에 "고생은 사서도 한다" "경험은 돈주고도 살 수 없다"라는 말이 있다. 지금 시대는 지나간 과거의 경험과 직관이 모든 것을 말해주는 그런 한가로운 세상이 아니다.

변화를 예측하고, 나아가 변화를 선도할 수 있는 '마음의 눈'과 '경험'이 서로 융화되고 조화될 때 경험은 의미있는 단어이지, 오로지 지나간 경험에 의해서 모든 사물을 바라보거나 판단할 때 오히려 경험은 성장과 진보에 장애물이 된다. 책은 우리의 좁은 우물안 시야를 세계로 넓혀주고, 우리가 가지고 있는 고정관념을 전환시켜 주며, 나아가 나를 점진적으로 변화시키는 큰 힘을 지니고 있다 '성공자' '인재'의 곁에는 늘 책이 가까이 있다. 새로운 지평선을 열기 위해 우리 모두는 언제, 어디서나 항상 공부하는 철학을 가져야만 한다. 조그만한 실천이 시간의 경과와 함께 엄청난 격차로 다가온다는 말을 음미하여 공부하는 비즈니스맨이 되어야만 한다. 이 길이 우리를 성공으로 안내하는 가장 빠른 지름길이요, 가장 확실한 길인 것이다.

하루에 단 10분이라도

몇년 전 '기업문화'에 대한 교육프로그램을 입안할 것을 지시받은 적이 있었다. 기업문화가 무엇인지 전혀몰랐던 필자는 당황하지 않을 수 없었다. 정해진 시간내에 업무를 진행해야만 하고, 잘 알지는 못하고, 할 수없이 토요일 퇴근 후 서점에 들러 기업문화 관련 도서를 3~4권 구입했다. 평소 책을 읽고, 공부하는 습관이 몸에 배어 있지 않았기 때문에 책을 읽는다는 것 자체가 매우 힘들고 정말 재미도 없었다. '회사는 매년 연구개발과 품질수준의 향상을 위해 계획적이고 지속적으로 투자하는데, 입사 후 나는 나자신에게 무엇을 투자했는가'라는 생각이 문득 떠올랐다.

하루하루를 매우 바쁘게 살아온 것은 틀림이 없는데, 아무리 생각을 해도 나의 지식향상을 위해 무엇 하나라도 제대로 투자한 것이 없었다. 명색이 '인재양성'을 담당하는 교육담당자가 아닌가. 남을 교육하기 전에 나 자신부터 스스로 교육을 하자. 지금부터 1년에 100권, 매월 최소한 8권 이상 경영도서를 읽고야 말겠다는 목표를 수립했다. 하지만 행동은 마음처럼 쉽지는 않았다. 8권은 고사하고 한 권도 끝까지 제대로 읽지 못했다. 퇴근 후 집에 돌아가면 피로감이 엄습하고 조용히 쉬고 싶은 마음 뿐이었다. '오늘 못하면 내일부터 하지, 오늘은 일요일이니까, 오늘은 너무 피곤해서' 라는 자기합리화와 핑계로 스스로를 위안하기 급급했다. 한 마디로 하다말다 흐지부지 유야무야의 연속이었다.하루 이틀이 지나가면 계획 따로 행동따로가 이어지고, 개학 2~3일 남겨두고 일기를 쓰고 그림을 그리는 초등학생 방학생활처럼 너무 희망사항 중심으로 공부에 대한 목표와 의지를 수립한 것이 아니냐 하는 생각이 들었다.

"하루에 네 번 밥을 먹자. 마지막 밥은 활자의 밥"이다. 나의 정신적 풍요와 삶의 가치를 결정하는 것은 마지막 밥인 활자의 밥에 달려 있다. "나의 풍요로운 정신적 삶을 위해 하루에 10분 이상 반드시 책을 읽겠다"라는 생애목표를 세우고 몇 수십년 일관되게 이 목표를 실천해 온 일본 중소기업 사장의 글을 읽게 되었다.

초등학교 졸업이 학력의 전부였고. 부모에게 많은 유산을 받은 것도 아닌 이 사람은 "나의 인생을 근본적으로 변화시킨 것은 하루에 단 10분 정말로 꾸준하게 활자의 밥을 먹은 덕분이었다"고 술회하고 있었다.

희망보다는 실천에 주안점을 둔 일본 중소기업 사장의 생애목표와 공부하는 철학이 던지는 의미와 교훈이 새삼스럽게 다가왔다. 일본 중소기업 사장의 글을 읽은 것을 계기로 하루 단 10분만 나에게 영양분을 투자하는 것을 목표로 정하고 지금도 실천하려고 노력하고 있는 중이다. 이 세상 모든 사람들은 '성공자'가 되기를 간절히 원하고 있다. 이 세상에서 인재로 변신하는 것을 거부하는 사람은 한 사람도 없을 것이다.

이 글에서 하고 싶은 이야기는, 조그만한 실천이 시간이 흘러감에 따라 엄청난 격차로 나타난다는 사실이다. 돌아오지 않는 허공에 큰소리치는 것보다, 오늘 단 10분이라도 자기자신에 충실한 것이 성공자(인재)로 변신시키는 가장 큰 초석임을 가슴깊이 새기고 자기자신을 단련해야 한다.

자(自)테크

인류역사상 크게 성공한 사람들은 모두가 배움에 힘쓴 사람들이다. 마음만 굳게 먹으면 아무리 어려워도 배울 수 있다. 링컨, 한석봉 등 한 시대를 빛낸 많은 사람들은 어려운 환경에서 자랐다.

배움에는 장애가 없다. 장애가 있다면 스스로 포기하고 체념해 버린, 스스로 만들어 버린 마음의 울타리 뿐이다.

세월은 잠시도 쉬지 않고 흘러간다. 개인의 사정같은 것은 돌보지 않고 계속 흘러만 간다. 농부가 봄철에 씨앗을 뿌리고, 여름동안 부지런히 북돋우고 가꿔야 가을에 좋은 수확을 할 수 있듯이, 성공자가 되기 위해서는 자신을 부단하게 관리하고 가꾸어 나가야만 한다. 성장과 진보는 투자한 눈물과 땀방울에 비례한다. 스스로 뿌린 씨앗은 스스로 거두게 되는 것이 하늘의 이치이다.

부지런히 배워서 많은 지식과 실력을 몸에 지니고 있으면 그것은 누가 빼앗아 갈 수 없는 자신만의 자산이 된다.

　항상 자신에 충실한 자세를 가져야만 한다. 자신을 현실에 안주시키지 않고 끊임없이 도전해야만 자신에게 온 기회를 놓치지 않는다. 준비하지 않고 기다리는 기회는 단지 허상일 뿐이다. 미국의 벤자민 프랭클린은 "지식에 대한 투자가 가장 이윤이 높다고" 말했다. 자신의 발전과 성장을 위해 '자(自)테크'에 인색해서는 안된다. 미래는 항상 고민하고, 노력하며 묵묵히 실천하는 사람의 몫이다.

　나의 발전과 성장을 위해 그동안 무엇을, 얼마나 투자했는가를 곰곰히 생각해보자. 그리고 지금부터 나 자신에게 무엇을 투자할 것인지를 냉정하게 저울질해보자.

질문1 : 당신이 가장 존경하는 한 사람을 떠올려 보라,
　　　 그리고 왜 존경하는가를 생각해 보라.

질문 2 : 회사가 매년 품질과 연구개발에 지속적으로 투자
　　　 하듯, 당신 자신의 성장과 발전에 얼마나 투자했는
　　　 가?

질문3 : 당신이 가지고 있는 전문성은 무엇인가? 3가지만
　　　 열거해보라. 또 당신이 보완해야 하는 가장 부족한
　　　 점은 무엇인가?

질문4 : 당신에 대한 투자사업계획서를 작성해보라.

22.목표는 인간을 위대하게 만든다

주는 것만 받는 펠리칸

관광객들이 많이 오는 바닷가에 펠리칸들이 수백 마리 살고 있었다. 이 새들은 관광객들이 던져주는 갖가지 먹이를 먹으며 살이 쪄 있었다. 그런데 시 당국에서는 관광객들이 던져주는 먹이 때문에 바닷물이 더러워질까봐 먹이를 주어서는 안된다는 법을 제정하게 되었다.

던져주는 먹이만 먹고 살던 펠리칸들은 먹이를 얻지 못하자 홀쭉하게 말라갔으며 굶어 죽는 새도 생겼다. 관광객들이 던져준 먹이만을 먹었기 때문에 물속에 있는 고기를 잡아먹을 줄 몰랐던 것이다. 하늘을 날 수 있는 능력이 있고 바다로 점프해 돌진 하면서 고기를 잡는 능력이 충분히 있는데도 잡아먹지 못하고 굶어 죽는 것이었다.

이 문제를 논의하던 시 당국에서는 한 가지 방안을 생각해냈다. 사람의 손에 키워지지 않은 야생의 펠리칸들을 잡아다가 그들과 함께 섞어놓자는 것이었다. 이 방법은 성공을 거두었다. 야생 펠리칸들이 바다위에서 이리저리 날아다니며 잠수해서 고기를 잡는 것을 본 굶주린 펠리칸들은 그들을 따라 날아가서 물속의 고기를 잡기 시작했다.

자기에게 충분한 능력이 있는데도 발휘하지 못하는 펠리칸같은 사람들, 주는 먹이에만 길들여진 펠리칸 같은 사람들이 의외로 많다. 우리 모두는 능력 – 힘찬 날개와 날카로운 부리 – 을 갖고 있다. 다만 그것을 묻어둘 따름이다. 스스로 능력을 사장시키는 펠리칸이 되지 않기 위해서는 목표라는 강한 변신의 윤활유와 촉진제를 가져야만 한다.

목표는 변신의 윤활유

• 회사목표, 개인목표는 양립할 수 없는가?

"나의 경쟁력이 기업의 경쟁력이며, 기업의 경쟁력이 국가의 경쟁력"이라는 말이 있다. 모든 경쟁력의 시발점과 주체는 바로 '나 자신'이다.

모든 조직구성원들이 명확한 이정표와 목표를 정립하고, 이의 달성을 위해 집념의 불꽃을 피울 때 개인과 조직의 경쟁력은 열매를 맺게 된다. 기업이 무한경쟁시대의 승리자, 주도자가 되기 위해 면밀한 분석과 검토를 거쳐 나아갈 방향 (비전)과 목표를 정립하듯이, 우리들도 자신의 비전과 목표를 정립해야만 한다.

그러나 목표라는 실체에 한 걸음 더 다가가 그 이면을 들여다 보면, 개인목표는 회사와 개인 양쪽 모두에게 간과되고 있는 현실을 엿볼 수 있다. 과거 획일적인 기업경영에서는 개인목표는 회사목표의 그늘에 가려 희생될 수밖에 없었다. 조직구성원 개개인의 내면에 잠재된 지식생산성이 주요한 경쟁우위로 부각되고 있는 '지식사회' 에서는 회사 목표의 자기화는 물론이고, 명확한 인생목표를 정립해야만 한다. 얼마전 회사의 목표(비전)와 개인의 목표(비전)와의 일치와 연계성을 강조한 사례를 통해서도 회사목표의 자기화와 명확한 인생목표를 정립하는 것이 얼마나 중요한 것인지를 알 수 있다. 스스로 부족한 점을 자각하고, 보완을 위한 명확한 개인목표를 정립하고 혼신의 힘을 모든 조직구성원이 경주할 때, 조직구성원의 실력은 증진되며, 조직구성원의 실력이 증진되면 회사의 목표와 원대한 꿈(비전)은 달성되는 것이다. 회사의 목표와 개인의 목표는 상호 별개의 관계가 아닌, 밀접한 관련이 있는 것이다. 회사의 각종 목표의 지수들이 매년 2배 이상씩 증가하듯이, 우리 모두도 명확한 인생목표를 정립하고 실력을 2배, 3배 이상씩 매년 증가시켜야만 한다.

회사의 목표는 매년 증가하는데, 조직구성원 대다수가 목표없이 그냥 하루하루를 열심히 생활한다고 하면 이 험난한 세상을 슬기롭게 헤쳐나갈 수 있겠는가? 잊어버린 나의 인생목표를 정립하고, 이의 달성을 위해 묵묵히 한 걸음 한 걸음 전진해 나갈 때, 개인의 경쟁력이 신장되고, 그 결과 회사의 목표는 부수적으로 달성되는 것이다.

목표는 인간을 변화시킨다

실학파 정약용 선생은 사람이 동물과 근본적으로 다른 점은 창조하는 능력이라고 갈파했다. 인간만이 창조적 능력을 가지기 때문에 먼 훗날 사람은 새들과 같이 하늘을 자유롭게 날아다니고, 고기처럼 바다를 헤엄칠 수 있을 것이라고 예견했다.

"인간만이 내일을 창조할 수 있다"라는 정약용선생의 말은 오늘날 그대로 우리사회에 적용되고 있다.

그러면 이 창조적 능력은 어디에서 오는가? 창조적 능력은 항상 새로운 것을 추구하고 끊임없이 도전하는 집념 속에서 나온다. 목표는 집념을 더욱 더 강하게 만들고 사람을 새로운 태도, 새로운 행동으로 과감하게 변신시킨다.

비행기를 처음 제작한 라이트 형제, 자동차 연구에 일생을 건 포드, 노예해방을 일생의 목표로 삼은 링컨…등등.

구국충정으로 나라를 지킨 거북선의 발명자 성웅 이순신 장군, 아시안 게임 제패라는 강한 집념과 목표를 위해 통증과 고통의 벽을 뛰어 넘은 인간승리의 송성일 선수, 45세 나이에 세계 헤비급 챔피언에 등극한 집념과 의지의 사나이 조지포먼 등 과거와 현재 그리고 동서양 역사를 막론하고 역사속의 위대한 인물들은 확고한 목표와 미지의 세계에 대한 강한 도전과 집념을 가진 사람들이었다. 확고한 목표야말로 보잘것없는 연약한 우리 인간을 위대하게 만드는 마술지팡이인 것이다. 내가 넘어야 할 높은 벽과 산은 주위 환경과 여건이 아니라 바로 나 자신이다. 나를 이기기 위해서는 높은 도전목표를 스스로 정립하고 한 걸음 한 걸음 전진해 나가야만 한다. 이것이 '인재'와 '사회낙오자'를 판가름나게 하는 분수령이다.

목표의 수립과 실행

"나침반의 제5의 방향 지도와 나침반을 가지고 있어도 길을 잊어버리는 경우가 있다는 것을 생각해 본 적이 있는가? '자신은 지금 어디에 있는가'라는 나침반의 제5의 방향을 알지 못하면 지도도 나침반도 전혀 쓸모가 없다. 목표와 계획을 세우기 전에 가장 중요한 것은 우선 정직하게 자기평가를 하고 자신이 지금 어디에 서 있는지를 정확하게 확인하는 것이다. 경제적인 목표에 대해서는 지금 어디에 있는가, 건강과 교양면의 목표에 대해서는 지금 어디에 있는가, 사회생활면에서는, 가정생활면·정신면의 목표'에 대해서는 지금 어디에 있는가? 나침반의 가장 중요한 방향, 결국 당신의 장래목적에 가장 중요한 요소는 지금 어디에 있는가 라는 것이다."

- J. 포올, 「Motivation」 중에서

• 낮은 점프

"인도에서 맹수사냥을 하고 있던 사냥꾼이 벵갈종의 큰 호랑이를 발견했다. 호랑이가 바로 옆에 있었기 때문에 사냥꾼은 급히 사격을 했지만 실패했다. 총소리를 듣고 호랑이도 사냥꾼에게 달려들었다. 그러나 다행히 호랑이의 점프가 너무 높았기 때문에 사냥꾼은 무사할 수 있었다. 사냥꾼은 캠프에 돌아와서 근거리 사격연습을 맹렬하게 했다. 그는 준비성이 없었던 상황이 닥치지 않도록 철저한 준비를 해나갔다. 다음날 다시 정글에 나갔을 때 어제의 호랑이가 마침 눈에 나타났다 호랑이는 낮은 점프를 연습하고 있었다."

이 이야기는 우리에게도 해당된다. 장기목표, 원대한 목표는 '낮은 점프'라는 단기목표를 통해 달성, 실현된다 「행복의 정복」의 저자인 B. 러셀은 자신이 행복할 수 있었던 두 가지 이유는 "첫째는 가장 가까운 목표를 세운 것이고, 둘째 어차피 대답 없는 허황된 질문에는 매달리지 않았기 때문이다"라고 말했다. 단기목표에 충실하는 것이 위대한 목표, 장기목표를 달성하는 가장 확실한 지름길이다.

• 지금 어디쯤

비행기, 열차, 심지어 버스 안 시간과 장소, 국경을 초월하여 남자 세 사람 이상이 모이는 자리에 어김없이 등장하는 단골메뉴가 하나 있다. 이 정도 이야기 하면 이것이 대충 무엇인지 충분히 짐작할 것으로 믿는다. 패가망신, 망국병의 대명사로 불리는 '고스톱'의 병폐를 이야기하거나 고스톱을 장려하고자 하는 것이 아니다. 경로당이나 나이드신 할아버지 할머니가 심심풀이로 치는 화투 – 육백, 민화토 – 의 분위기는 활기가 없고, 욕심이 없으며, 서로에 대한 이해심이 대단하다. "어머 최여사, 미안해 내가 난초를 낸다는 것이 엉뚱한 것을 냈지 뭐야. 다시 할게, 미안해"라고 이야기 하면, "괜찮아, 다시 해. 뭐 그런것 가지고 그래"하면서 금방 양보해 준다.

고스톱의 분위기는 이와 정반대이다. 일단 손동작, 눈동작의 움직임이 민첩하고, "미안해 다시 할게, 내가 먹을 것이 있었는데 잘못 냈어"가 절대 통용되지 않는다. 손끝 마디마디에 정성과 혼이 들어있다. 눈동자는 빛나고 긴장감과 집중의 열기만 있을 뿐이다. 또 고스톱은 주위여건과 환경에 따라 목표를 수립한다. 시시각각으로 변화하는 환경에 적응해야만 하는 목표관리 게임이다. 처음 패가 돌자마자 스스로 목표를 수립하고, 한 판 두 판 거듭하게 되면 주어진 환경과 여건에 따라 목표를 재빨리 수정한다. '홍단을 하려고 했는데 중간에 누가 먹어버렸네. 목표(홍단) 수정, 홍단이 아니고 광으로 점수를 내야지' 하면서 상황에 따라 목표를 재빨리 수정한다. 중간 중간 상황을 점검하고, 자기의 목표달성을 위해 목표를 주위여건과 환경에 맞게 시시각각 변화시킨다. 그리고 처음 자기자본과 중간자본의 비교도 게을리 하지 않고 승리자가 되기 위해 전의를 불태운다. 목표가 명확하기 때문에 참여하는 동안에는 전혀 힘이 들거나 아무리 주위여건이 나빠도 전혀 불편한 줄 모른다.

처음 시작하기 전에 초기목표를 잡고 한 판, 두 판 진행되면서 상대방의 움직임과 자기의 여건을 대비하여 중간진행상황을 분석하고 이에 맞게 궤도수정, 그리고 결산, 이것이 고스톱의 순환과정이다. 인생목표도 마찬가지이다. 나의 현 나침반의 위치를 파악하고, 쉬운 것부터 점진적으로 하나 하나 도달해 나가야만 한다. 그리고 무엇보다도 중요한 것은 진척 사항을 스스로 분석·점검하여 달성여부를 검토하고, 달성에 필요한 새로운 수단과 방법을 모색해 나가야만 한다 아무리 좋은 목표라도, 중간점검을 소홀히 하게 되면 절대로 달성할 수 없다. 항상 점검과 궤도수정이 필요하다는 것을 잊지 말아야 하며, 이 길이 목표 달성에 더욱 더 가까이 다가가는 길임을 인식해야만 한다.

• 희망과 목표의 차이점

희망과 목표는 확연하게 다르다. 많은 사람들이 희망과 목표의 한계 속에서 헤어나지를 못하고 희망이라는 분홍빛 향기 속에 빠지곤 한다.

예를 들어 '운전면허증'이 없는 사람이 운전면허증을 획득을 목표로 정하기 위해서는 다음의 요건들이 반영되어야만 한다. 그렇지 않으면 그것은 하나의 기대 내지는 희망사항으로 끝나버리기 쉽다. 운전면허증 획득을 예로 들어 희망과 목표의 차이점을 살펴보자. 평소 자기보다 능력이 못하다고 생각한 사람이 운전면허증을 자랑할 때, "어, 이 친구 봐라, 나도 따야지"하는 것은 희망인가, 목표인가? 이것은 희망사항이지 절대로 목표가 아니다. 또 희망사항은 몇 시간 혹은 1, 2일이 지나가면 우리의 뇌리속에서 떠나가 버리고 만다. 목표는 이런 성격의 것이 절대로 아니다. 목표를 구체적으로 수립하기 위해서는 희망과 목표의 한계점을 분명히 인식해야만 한다.

목표는 몇 가지 요소가 반영되어야만 한다. 즉 첫째, 구체적이어야 하고 둘째, 측정할 수 있어야 하며 셋째, 성취할 수 있어야 하고 넷째, 결과지향적이어야 하며 다섯째, 달성일자가 표시되어야만 한다.

목표의 성립 원칙에 입각한 운전면허증 획득목표는 첫째, 1종 운전면허증을 둘째, 앞으로 1개월 이내에 취득한다 셋째, 그러기 위해서 내일 당장 자동차 교습소 새벽반에 등록하고 넷째, 1주일 이내에 운전면허 신청서를 접수한다로 바뀌어야만 한다.

국가와 민족, 업종과 분야에 관계없이 인류 역사상 큰 업적을 이룩한 사람들은 목표를 명확히 정립하고, 목표 달성에 강한 집착력을 가졌던 사람들이다.

반대로 흔적없이 사라져버린 수많은 사람들은 자기가 어디로 가는지도 모르고 살아가는 사람들이다. 인생에 실패한 사람은 자기인생의 방향감각을 상실하여 암초에 산산조각 종이처럼 자기인생을 파괴한 사람들이다. "목표없는 사람은 명확한 목표를 향해 나가는 불타는 사람에게 지배를 받는다"라는 말도 있다. 잃어버린 나를 찾고, 새로운 나를 만들어 나가기 위해서는 간과해 버린 인생목표를 명확하게 정립하고, 목표를 향해 전진해 나가야만 한다. '성공자'가 되고 싶은 모든 이들이여, 지금 당장 인생목표의 일지를 쓰라!

	나의 나침반 눈금은	인생목표
경제적인 목표		
지성가치의목표는 실력		
지성가치의목표는 경험		
지성가치의목표는 업적		
가정생활의 목표는		
건강과 교양의 목표		

· 회사가 손익을 파악하기 위하여, 정기적으로 실적을 검토·분석하듯이 우리들도 정기적으로 우리의 '능력에 대한 정기적 조사'를 실시해야만 한다.

· 직장에 들어가면 오리엔테이션을 받는다. 어딜가나 입사든 입학이든 처음 안내를 받는 것은 상식이다. 여기는 무얼하는 곳이고, 저 사람이 하는 일은 어떤 것이라고 상세히 설명을 듣는다. 오리엔테이션은 동서남북을 알려주는 나침반이다.

· 그러나 불행하게도 자신의 오리엔테이션에 대해서는 너무 캄캄한 사람이 많다. 자신이 지금 처해 있는 장소와 시간을 모른다. 어떤 곳에 있는지를 모르며, 자신이 누군인지를 모르는 것은 두말할 나위도 없다.

23.스스로 시간을 창조하라

시간이란 자원만큼 공평한 것도 이 세상에 없을 것이다. 인종, 빈부격차, 남녀의 차별 등 우리 주변에 일어나는 수많은 일들은 온통 차별과 혼란 투성이지만 시간만큼은 그렇지 않다.

시간은 석기 시대에 살았던 인류나 21세기에 살아가는 현대 인이나, 구멍가게 주인이나, 대기업 사장에게나 누구에게든지 24시간으로 공평하다.

한 시대를 풍미한 모든 사람들은 시간이란 자원을 정말로 효율적으로 사용한 사람들이다. 주어진 24시간을 25시간 혹은 30시간으로 창조할 수 있는 자만이 한 시대를 풍미할 수 있다.

새로운 나를 창조하기 위해서는 시간에 대해 새로운 패러다임을 가져야만 한다. 인재가 되기 위한 성공 요건 중에서 정말로 중요한 것은 시간을 어떻게 활용하느냐 하는 것이다. 왜냐하면 대다수의 사람들은 쉽게 의욕의 불꽃과 목표를 정립하지만, 지속적으로 시간을 투자하여 실천하는 사람은 드물기 때문이다. "시간의 효율적 이용이 중요하다는 사실에는 동의하지만, 너무 바빠서, 업무에 시달려서 좀처럼 시간이 나지 않는다"라는 말로 자기합리화를 하는데 우리는 익숙해져 있다. 우리는 돈을 잃어버리면 매우 속상해 하지만, 시간을 낭비하는 데는 매우 관대하다. 왜냐하면 돈을 떨어뜨리면 소리가 나지만, 시간은 소리가 나지 않기 때문이다 시간이란 것은 하늘에서 떨어지는 것도 아니고, 땅속에서 솟아나는 것도 아니다. 시간은 창조해 나가는 것이다.

피터 드러커는 그의 저서 「결실있는 경영」에서 '인간들은 시간을 매우 많이 소비하고 있으며, 대부분의 인간은 시간의 낭비자이다' 라고 역설하고 있다.

시간을 창조하고, 효율적으로 활용하기 위해서는, 조직구성원들은 밀도있게 업무를 처리하여 생산성과을 올려야만 한다. 또 회사는 밀도있게 소신껏 업무를 처리한 사원이 상사나 회사의 눈치를 살피지 않고 퇴근할 수 있도록 해야 한다.

불과 얼마전만 하더라도, 야근 또는 늦게 퇴근하는 것이 우수인재로 평가받는 품질보증 수표였었다. 지금 시대는 하루가 다르게 변화하고 있다. 철야와 퇴근시간이 우수인재의 평가 기준이 되는 분위기에서는 절대로 경쟁력이 나올 수도, 미래를 주도하는 인재가 탄생될 수도 없다.

지금 중요한 사실은 시간의 '양' 이 아니라 '질' 이라는 점이다.

시간을 창조하고 효율적으로 이용한다는 것은 바로 '시간의 질'
을 높인다는 것을 의미한다.

일벌의 활동과 근면성의 참뜻

예로부터 부지런함의 대명사로 불리고 있는 생물인 벌은 근면
한 사람의 상징처럼 되어 왔다. 그러나 정말로 벌이 그렇게 열심
히 일하는 것일까? 한 마리의 여왕벌을 중심으로 일벌들이 같이
생활하고 있다. 그중에서도 여왕벌은 벌사회의 왕으로 군림하고
모든 일벌들의 활동을 감독하고 있는 것처럼 보인다.

그러나 실제로는 여왕벌은 주위에 있는 일벌들의 독촉을 받으
며 매일 기계처럼 일하고 있다. 여왕벌은 일벌에 의해서 준비된
벌집의 방을 돌며 알을 낳는다. 일분 동안에 2~3개씩 흡사 기
계처럼 알을 낳는 것이다. 진정한 의미에서 일벌은 여왕벌이라
해도 과언이 아니다. 이것에 반해서 일벌 중에는 활동이 둔하고
빈둥 빈둥 놀며 지내는 벌도 많다. 벌사회에서는 가을이 되어 꽃
가루 채취가 줄어들게 되면 인원정리가 시작된다. 제일먼저 대
상이 되는 것이 식량을 벌지 못하는 수펄이다. 쓸모없게 된 수펄
들이 많은 일벌에 의해서 추방된다.

이와 같이 벌사회에서는 여왕벌의 독재체제가 아니고 목숨이
붙어있는 한 일을 계속하는 일벌에 의해서 실권이 장악된다. 봄
부터 여름에 걸쳐 태어난 일벌의 일생을 보면 다음과 같다. 첫
째, 날개가 생긴후 2~3일은 아무것도 하지 않는다. 둘째, 10일

까지는 집안에서 일한다. 셋째, 20일까지는 집을 만들고 청소 먹이 채취 등을 배우면서 가끔 밖으로 날아간다. 이것이 연습비행이며 집주변의 지형을 익히는 것이다. 넷째, 대개 20일 정도 지나면 문지기 노릇을 며칠 하고, 그후 꿀과 꽃가루 채집이라는 바깥 활동을 한다. 다섯째, 이렇게 하여 벌은 평균 30~35일 정도를 육아, 가사, 문지기, 바깥활동을 계속하다가 짧은 일생을 마친다. 그러면 이 일벌은 어느 정도의 시간을 일하는 것일까? 한마리의 일벌을 24일간에 걸쳐 추적을 계속한 린다우다의 관찰례를 보면 총 100%중 일이라고 할 수 없는 '정지와 순찰돌기'의 합계가 75%이고 나머지 25%가 일하는 시간이라고 한다. 일하는 시간을 하루로 계산하면 겨우 6시간 정도에 불과하다. 일벌의 체면이 말이 아니다. 이처럼 일벌의 하루 근무시간을 보면 1일 8시간도 일하지 않고 우리가 생각하고 있는 이미지대로 일을 하고 있지도 않다. 그런데 왜 '일벌'이라는 이름이 붙어 다니는 것일까? 이것은 일벌이 한 번 일을 시작하면 어느 만큼의 꽃을 찾아가는지 미루어 보면 안다. 100분 사이에 1,446개의 꽃에 앉는다고 하는 데이터가 있다.

기상이 나쁘고 먹이가 없을 때에는 집안에서 힘을 비축하고 있다. 노동시간 자체보다 '노동밀도의 진함'을 추구하는 것이다. 이와 같이 일하는 대명사인 일벌은 휴식을 듬뿍 취하고 '가장 짧은 시간에 가장 효율이 높은' 일을 목적으로 한다. 이렇게 보면 일벌은 거저 일하는 것이 아니라 매우 합리적, 효과적으로 고생산성을 추구하고 있는 셈이다.

오늘은 또 다른 내일

우리는 일벌을 통해서 시간의 길이가 반드시 '높은 생산성' 과 일치하지 않는다는 사실과, 중요한 것은 시간의 양이 아니라 투자하는 시간의 질임을 배워야 한다. 시간의 질을 높이기 위해서는 충실한 생활자세를 일관성 있게 유지해야만 한다.

수많은 나날 중에서 오늘만큼 중요한 것은 없다. 매일매일은 작은 인생이다. '변신자' 가 되고자 한다면 오늘의 소중함과 의미를 다시 한 번 새겨서 시간을 전략적으로 활용해야만 한다.

사람은 누구나 현재에 살고 있다. 그러나 현재는 단순한 현재가 아니다. 과거를 어떻게 살았느냐에 따라 나타난 결과가 현재인 것이다. 그러므로 현재를 어떻게 사느냐에 따라 그 결과가 미래에 펼쳐지게 마련이다.

인생은 남이 살아주는 것이 아니다. 당신의 인생은 당신이 살아가는 것이다. 오늘날 당신이 살아가는 태도가 당신의 미래를 좌우한다. 마치 깨끗한 거울이 얼굴을 환히 비쳐주듯이, 당신의 과거는 당신의 현재를 아는 수단이며 당신의 현재는 당신의 미래를 알 수 있는 수단이다.

성공자(인재)가 되고자 한다면 '내일' 이라는 단어를 우리의 뇌리에서 추방시켜야만 한다. '오늘' 이라는 시간을 전략적으로 활용하는 사람만이 찬란한 내일의 태양을 맞이할 수 있다.

우리 인생은 전·후반, 연장전, 패자부활전도 없는 오직 1회전의 장이다. 주어진 시간을 어떻게 효율적으로 이용하는가 여부가 '성공자' 와 '사회낙오자' 가 되느냐를 결정짓는 매우 중요한 관건이다.

　오늘부터 단 10분씩이라도 나자신에게 영양분을 투자하자. 오늘 단 3분이라도 나 자신에 대해 생각해 보자. 오늘만은 나 자신을 현실에 순응시켜 보자. 오늘에 충실하는 자만이 시간을 창조할 수 있다. 시간은 돈과 달라서 저축할 수가 없으며, 우리를 기다려 주지 않는다. 시간은 주어지는 것이 아니라, 만들어 나가는 것이다.

자신을 낭비하고 있지는 않은가

　시간을 낭비하는 것을 주의하라는 말은, 넓은 바다에 살고 있는 물고기에 물을 낭비하지 말라고 하는 것과 같다. 실제의 문제에서 우리들이 시간에 영향을 받는 일은 없다. 시간은 우리를 기다려 주거나, 우리 곁에 늘 가까이 있는 그런 것이 아니다. 우리들은 무엇을 하거나, 무엇이든지 할 수 있는데 아무것도 하지 않고 있다. 거기에 낭비가 존재하고 있는 것이다. 이제부터는 "시간을 낭비하고 있다"라는 말 대신에 "자기자신을 낭비하고 있다"라고 말해야만 한다. 아무리 많은 돈도 잘 관리하지 못하면 그 돈은 곧 없어지게 된다. 써 버리면 그만이니까. 하루 24시간은 은행에 저축되어 있는 돈과 같다. 하루에 24시간씩 빼내어 쓰는 그런 생활이 계속되다 보면 세월은 흐르고 시간은 바닥나고 맞이하는 건 실패와 좌절뿐이다. 시간을 낭비해서는 안된다. 흘러간 시간은 다시는 보상받을 수 없는 소중한 자본금이다. 시간을 낭비하고서는 절대로 성공자가 될 수 없다.

- J. 포올, 「Motivation」중에서

〈생각 해 봅시다 〉

· 우리의 중요한 일은 먼 곳에서 희미하게 보이는 것을 보는 것이 아니라 눈 앞에 똑똑하게 보이는 일을 하는 것이다. 희미하게 보이는 내일을 염려하지 말고 늘 오늘 최선을 다해 살아야만 한다.

· 미래는 곧 오늘이다. 내일이란 없다. 사람이 구원 받을 수 있는 날은 오늘이지 내일이 아니다.

· 시간은 돈이다. 시간은 한 번 가면 다시 오지 않는다. 지금 이 순간 당신 인생의 어느 지점에 와 있는가? 이제부터는 당신의 인생은 시간과의 경쟁이다. 머뭇거릴 시간이 없다. 보다 나은 인생, 보다 나은 내일을 위해 오늘에 충실하지 않으면 안된다.

· 일반적으로 사람은 돈을 빌려주는 데는 인색하면서도 시간을 빌려주는 데는 관대한 경향이 있다.

· 하루라는 인생의 벽돌이 하나하나 쌓여서 인생의 업적이 기록되는 것이다. 인생 자본금인 시간을 절대로 무시해서는 안된다.

· 오늘의 나는 어제까지의 나의 노력과 땀의 집약체이며, 내일의 나라고 하는 존재는 오늘 나의 결심과 노력에 의해 탄생되는 존재이다.

〈자기 분석표〉

구 분	시 간	돈
공통점		
차이점		

질문1 : 시간과 돈의 공통점, 차이점은 무엇인가?

질문2 : 지난 1주일 시간활용표를 작성해보고, 나의
시간 사용분포도를 분석해 보자.

질문3 : 나는 시간의 주인인가, 시간의 노예인가 ?

질문4 : 시간의 주인이 되기 위해 무엇을 어떻게 해야만
하는가?

제 5장
최대의 지원, 최고의 보약

동물세계에서 통용되지 않는 단어가 바로 '연습과 실패를 통한 교훈'일 것이다 약육강식의 철저한 생존법칙이 지배되는 동물세계에서 실패는 곧 죽음을 의미한다. 동물의 세계와 유사한 생존법칙이 적용되는 분야가 있다면 그것은 바로 우리가 몸담고 있는 기업이라는 조직일 것이다. 약한 자가 강한 자의 제물이 되는 것이 당연한 섭리로 받아들여지는 것이 동물세계의 철칙이다. 이와 마찬가지로 힘이 약한 기업은 힘이 강한 기업으로부터 생존 그 자체를 위협받고, 체질이 허약할 때에는 망할 수밖에 없는 것이 기업세계의 냉혹한 현실이다.

가치창출의 주체인 기업이 존재하기 위해서는 다른 기업과 확연히 구분되는 개성이 있어야만 한다. 비슷한 기업이 여러 개 있어서는 아무런 의미가 없다. 우리의 생활을 풍요롭게 하고 있다고 평가되는 기업만이 생존할 수가 있다.

기업생존에 필수불가결한 '주체성과 개성'은 어디에서 출발하는 것인가? 기계 · 자본인가, 사람인가?

기업생존에 필요한 주제성과 개성의 출발점과 종착점은 바로 보이지 않는 무형 자산인 조직구성원의 끊임없는 혁신과 지식자본에 있다. 이렇게 볼 때 리더의 가장 중요한 임무는 조직구성원 전원을 열정과 창조성을 가진 혁신자, 실천자로 변화시키는 것임을 쉽게 알 수 있다.

허약한 리더가 이끄는 조직은 망할 수밖에 없다. 허리가 부실한 사람이 자기자신을 제대로 지탱할 수 없듯이, 허약한 리더가 있는 기업과 조직은 절대로 발전할 수가 없다. 기업에 있어서 리더의 자리는 그처럼 중요하다. '자신과의 전쟁'에서 고군분투하고 있는 구성원에게 리더가 줄 수 있는 최고의 보약은 무엇인가? 리더십은 혼자서 하는 독백이 아니라, 구성원과 주고받는 일종의 대화다. 이끄는 사람과 따르는 사람과의 인간관계이다. 이렇게 볼때 변신을 추구하는 구성원이 리더에게 바라는 것은 관심과 열정, 격려, 그리고 어려울 때 나약해지는 마음에 새로운 힘이 솟아나게 해주는 관심일 것이다.

자신과의 전쟁에서 승리자가 되기 위해 인품과 실력향상을 위해 부단하게 스스로에게 투자하고,거기에 리더의 지원이 있을 때 변신의 어려움과 난관을 극복해 나갈 수 있을 것이다.

리더가 줄 수 있는 최대의 지원, 최고의 무기 그 방법과 내용에 대해 조명해 보자.

24.신뢰감은 모든 일의 근본

뛰어난 리더들은 공통점을 하나 가지고 있다. 그들은 구성원들에게 정신적 투자를 한다. 정말로 구성원들을 신뢰하며 그것도 확고하다. 재능이 있다고 생각되는 학생들로 하여금 그 재능을 계발할 수 있도록 도와주는 데 많은 노력을 기울이는 교사처럼, 훌륭한 리더는 구성원들이 높은 성과를 달성할 수 있다고 믿고 그들에게 많은 관심을 가질 때 구성원들이 실제로 높은 성과를 달성하게 된다는 사실을 알고 있다.

업종이나 처한 환경은 다르지만 이 세상에 커다란 성과를 남긴 리더들은 구성원들을 신뢰하고 구성원들로부터 신뢰를 받았다는 공통분모를 발견할 수 있다.

어느 조직 혹은 집단이든 간에 구성원의 신뢰를 받는 리더가 올바른 목표를 제시하고 그 목표를 달성할 수 있도록 구성원의 역량을 조직화할 때 추구하고자 하는 공동목표는 무난히 달성되는 것이다. 따라서 신뢰받는 리더에 의한 효과적인 리더십 발휘는 어떠한 일이 이루어지도록 하는 데 없어서는 안될 중요한 요소라고 볼 수 있다.

뿌리가 튼튼하지 못한 식물이 발육과 성장을 제대로 못하듯이 뿌리가 건실하지 못한 리더는 변신과 혁신을 추구하고 갈망하는 구성원에게 도움을 줄 수 없다.

리더십은 리더와 부하직원 상호간의 인간관계이다. 리더에 있어서 뿌리란 바로 '신뢰감'이다. 식물이 가지와 줄기에 충분한 영양분(물)을 공급받을 때 아름답고 탐스러운 열매를 맺듯이 신뢰감이라는 영영분이 조직 곳곳에 충만되고 넘칠 때 기업과 조직은 소기의 목적을 달성 할 수 있는 것이다.

식물이 충분한 영양분을 공급받지 못하면 시들고 결국에는 말라죽듯이, 리더가 가장 중요한 고객인 구성원에게 신뢰감을 심어주지 못하면 조직은 창의력과 활력, 혁신의지를 상실하게 된다. 가지와 줄기는 식물의 성장과 발육에 필요한 중요한 요건임에는 틀림이 없으나 가장 근원적인 열쇠는 아니다. 이와 마찬가지로 리더십 발휘를 위해 요구되는 각종 기법은 신뢰감이라는 영양분을 심어주기 위한 일종의 매개물에 지나지 않는다. 상대방이 아무리 유능하고 열성적이며 뛰어난 능력을 가진 사람이라도 신뢰하지 못한다는 느낌을 받게 되면, 그 사람의 말을 믿고 따르지는 않을 것이다.

리더에 대한 신뢰성 조사는 "나는 저 사람을 믿는가?"라는 간단한 질문 하나로 알아볼 수 있다.

몇 년 전 미국 대통령 선거시 여론조사에서 유권자들은 대통령의 조건으로 '공정성과 신뢰감, 남의 말을 잘 들을 줄 알아야 한다는 것'을 내세웠다. 모든사회, 모든 조직을 성공적으로 운영할 수 있는 가장 근본적인 뿌리는 상하간의 신뢰감이라는 사실을 직시해야만 한다.

신뢰감이라는 기반을 구축하기 위해서는 벽돌 하나부터 차곡차곡 쌓아 올라가는 마음가짐이 필요하다. 벽돌이 하나씩 쌓일 때 비로소 미래의 희망을 실현시킬 수 있는 토대가 마련되는 것이다.

모든 일이 마찬가지겠지만 기초가 튼튼해야 큰 일을 이루어 낼 수 있다. 지반이 불안정하면 할수록 더욱 더 기초를 튼튼히 해야 하는 법이다. 특히 용기가 필요한 불안의 시대에 구성원의 확신을 이끌어내기 위해서는 리더에 대한 신뢰가 무엇보다도 필수적이다.

신뢰감이란 뿌리를 돌보지 않고서는 절대로 찬란한 미래의 주역으로 변신할 수 없을 뿐 아니라, 구성원들을 미래의 주역으로 절대로 변신시킬 수 없다는 자명한 이치를 다시 한 번 되새겨야만 한다.

유비와 제갈공명

중국 속담에 "의심이 나면 쓰지 말고 썼으면 의심하지 말라"

는 말이 있다. 의심을 품었으면 처음부터 등용도 하지 말고 일단 등용을 했으면 철저하게 신뢰하라는 말이다.

구성원들에게 무슨 일이든 하려고 하는 마음을 불러일으키게 하는 열쇠가 있다면 그것은 뭐니뭐니 해도 신뢰가 제일이다.

이 속담을 철저하게 실천해 보인 인물이 삼국지의 유비이다. 유비는 난세에 거의 맨주먹으로 군사를 일으켰다. 그런데다가 유비는 싸움하는 데 서툴러서 언제나 패전만을 거듭하고 있었다.

현대에 비한다면 상술도 없고 자본금 없이 장사를 시작한 사람이라고 할까? 이쯤되면 성공할 까닭이 없다.

사실 유비의 인생은 고난의 연속이었다. 그러나 그러했던 유비도 만년에 이르러서는 애쓴 보람이 있었던지 촉땅에서 자립할 수 있었다. 그것은 유비 자신의 재능이라기보다는 제갈공명 등 부하들의 노력이 컸기 때문이라고 하는 편이 옳다.

그야 어찌되었든 유비의 부하들은 무엇 때문에 그토록 유비를 위하여 노력을 하였을까? 유비와 제갈공명의 관계를 예로 들어 보자. 유비는 제갈공명이라는 훌륭한 인물이 있다는 말을 듣자 세차례나 제갈공명의 오두막을 찾아가 군사로 모셔온다. 소위 삼고초려라는 고사(故事)의 기원이다.

유비는 수어지교(水魚之交)로서 예우하고 제갈공명의 지시에 따랐다고 한다. 제갈공명이 유비를 위하여 분골쇄신한 것은 유비의 그와 같은 두텁기 한량없는 신뢰에 보답하기 위해서였던 것이다.

"선비는 자신을 알아주는 사람을 위해서 죽는다"는 옛말이 있

다. 이말을 반대로 해석해 보면, 이해해 주고 신뢰해 주는 것이
상대방에게 하고자 하는 마음을 불러일으키게 하는 열쇠라는 말
이 된다.

　현대를 일컬어서 인정이 메마르고 삭막한 세상이라고들 말한
다. 그러나 신뢰와 보답의 함수관계에 있어서는 예나 지금이나
그다지 변하지 않은 것 같다.

「품질경영」93.5.정현우, "경영손자비법"

25. 신뢰로 통하는 문

마음의 창

작년 4월 '세계화주식회사' 영업과장으로 승진한 갑식이는 동병상련의 입장에 있는 입사동기생 경리과장에게 하소연하고 있는 중이다.

"작년 이맘 때 과장으로 승진할 때만 해도, 천하를 얻은 것처럼 너무너무 기뻤지. 이런 재미로 직장생활을 하는구나. '자, 이제부터 나도 리더다' 라고 들떠 있었지. 그땐 정말 좋았어. 그런데 요즘 정말로 힘들어, 부장 눈치 보랴, 사원들 기분 맞추어 주랴, 정말 사면초가야, 요즘 정말 너무너무 힘들어"라는 것이 초년과장 갑식이가 하소연 하는 주된 내용이다.

갑식이는 어제 김건모 대리가 기안한 '95년 판매전략' 과 관련하여 심하게 언쟁했다. 처음 얼마간은 부드러운 대화가 진행되었다. 김대리는 자료작성, 배경, 목적, 주안점 등에 대해 자세하게 설명하기 시작했다.

김건모 대리가 중간쯤 설명을 했을까, "미안합니다. 10분 후에 급한 회의가 있어 그러니까 빨리빨리 본론으로 들어갑시다." "요점이 뭡니까" "요점은 소요예산을 작년대비 20% 증액해야 된다는 것 아닙니까?" "긴 말하지 않겠습니다. 잘 알다시피, 지금 전사적으로 원가절감 운동이 한참 진행중인데, 예산20% 증가는 곤란합니다." "어쨌든 다시 검토하세요. 자세한 것은 회의 후 다시 이야기합시다" 라고 말하고는 갑식이는 회의실로 향했다.

회의를 마치고 자리에 돌아온 갑식이는 "조금전에 이야기한 '96년 판매전략 자료'를 수정했습니까?" 라고 물었다. 수정했을 것을 기대하면서 말이다. 하지만 김건모 대리의 답변은 기대와는 완전히 다른 뜻밖의 말이었다. "과장님, 제가 생각할 때에는 수정할 내용이 전혀 없습니다. 이 자료 작성을 위해 다방면으로 검토했습니다. 저도 원가절감 운동의 필요성을 충분히 공감하고 있습니다. 하지만 진정한 원가절감은, 무조건 예산을 줄이는 것이라고는 생각하지 않습니다. 아까 제대로 설명하지 못했기 때문에 다시 이야기를 하고 싶습니다"라고 말하지 않는가? 다시 두 사람은 원점으로 돌아가서, 열심히 토론하기 시작했다. 하지만 채 3분도 지나지 않아서 대화는 언쟁으로 변해 버렸다. 한 사람의 말이 채 끝나기도 전에 "잠깐만, 지금 무슨 소리하는 것이냐, 내가 몇 번 이야기를 했느냐" "그것은 무조건 안된다" 라는 식으로 대화가 단절되고 급기야는 두 사람의 목소리는 높아만 갔다. 한 치도 양보도 없는 팽팽한 입씨름이 20분간 계속 되었다. 어느 한 쪽이 양보할 기미는 전혀 보이지 않고 말이다.

시간이 흘러갈수록, 이야기하면 할수록 돌아오는 것은 서로에 대한 불신과 높아져가는 감정의 골과 벽 뿐이었다.

"자, 이제 그만 하고 내일 다시 차분히 이야기합시다"라는 갑식이의 제안으로 두 사람의 대화는 더 이상 이어지지는 않았지만, 쌍방에 대한 보이지 않는 불신의 벽은 높기만 했다.

직장생활이나 가정생활, 모든 인간생활에 있어서 '대화와 경청'이라는 단어가 없다면 그 어떤 것도 이 세상에 존재할 수 없다. 남의 이야기를 끝까지 인내를 가지고 조용히 들어준다는 것이 말처럼 쉽지 않다는 것은 누구나 알고 있다.

닫혀진 문, 무너지는 신뢰감

우리 주변을 되돌아 보면 만연하는 '폐쇄증' 흔적과 얼룩진 병폐의 자취를 쉽게 찾아볼 수 있다. "말보다는 주먹으로 해결하는 것이 빠르다"든지 "목소리 큰 놈이 이긴다"라는 말을 거리낌 없이 하는 사람들이 많은데 이는 인내를 담보로 하는 대화보다는 행동으로 문제를 풀려는 성급한 의식의 단면을 그대로 보여주는 예이다.

대화는 당면 문제를 합리적이고 민주적으로 해결해 주는 최선의 수단이며, 나아가 상호불신과 오해를 제거하는 교량 역할을 해준다. 더욱이 직장과 사회에서 건전하고 밝은 주제를 담은 대화를 나누는 것은 대인관계를 살찌게 해주는 것으로서 그 중요성은 새삼 강조할 필요가 없다.

이렇게 볼 때 진정한 대화의 의미는 마음의 창과 귀를 열고 상대방의 이야기를 진심으로 들어주는 것임을 알 수 있다.

마음의 창을 열고 내면의 가슴에서 우러나오는 진심의 소리를 듣지 못하는 사회만큼 비극적인 사회는 없다. 마음의 창을 열고 나에게 다가오는 진심의 소리를 겸허하게 들을 줄 알아야만 한다.

우리를 사면초가의 무덤으로 몰고가는 원흉은, 바로 내가 스스로 굳게 자물쇠로 채워 버린 나의 마음의 창이다. 구성원에게 신뢰감을 심어주는 첫번째 단추는 굳게 닫혀 있는 마음의 창을 활짝 열어젖히는 것임을 명심해야만 한다. 리더의 영문 첫글자 ‘L’은 경청(Listen)을 의미하며, ‘E’는 설명(Explain)을 의미한다고 한다. 구성원의 이야기를 경청하고 이해하기 위해서는 마음의 창, 눈, 그리고 귀를 열어야만 한다. 리더가 마음의 창과 눈, 귀를 열지 않으면 구성원들은 진심으로 리더를 따르지 않을 뿐 아니라 점점 멀어져 가게 된다.

구성원들을 열정과 의욕을 가진 인재, 도전자로 양성하기 위해서는 닫혀진 마음의 창을 활짝 열어젖히고, 내면 깊숙한 곳에서 들려오는 구성원의 소리를 들어야만 한다.

질문1 : '마음의 창' 이란 무엇을 의미하는가?

질문2 : 마음의 창을 열기위해서는 어떻게 해야만 하는가?

질문3 : 나의 마음의 창은 열려있는가? 닫혀있는가?

26. 칭찬은 신뢰의 윤활유

뭐하는 사람입니까

영업부에 근무하는 갑식이는 지금 영업부장으로부터 심한 질책을 받고 있는 중이다. 갑식이는 어제 저녁 늦게 부장으로부터 '월별 영업실적 및 향후 판매전략' 자료를 작성하라는 지시를 받았다. 해도 해도 좀처럼 끝이 보이지 않는 업무의 홍수 속에 시달리고 있던 갑식이는 나름대로 열심히 하려고 했지만 자료 작성 시간이 부족해서 오랫동안 검토할 수가 없었다.

"최선을 다해 작성했지만, 시간과 기초자료가 부족해서 구체적으로 자료를 작성하지 못했습니다" 라는 말과 함께 서류를 제출했다. 나름대로 최선을 다했다고 스스로 위안하면서 말이다.

하지만 부장의 반응은 갑식이의 의욕을 완전히 꺾어 놓고야 말았다. "갑식씨, 아니 이 정도 가지고 바쁘다고 말할 수 있습니까? 바쁘면 철야를 하든지 잔업을 해서라도 완벽하게 해야 되지 않습니까?' 내가 사원시절에 어떻게 일을 한지 알아요? 그때 일이 넘치고 넘쳤서 집에 못간 날이 한 두 번이 아니었습니다. 일요일 근무는 밥먹듯이 했고, 잔업은 또 맡아서 했습니다. 내가 사원시절에 일한 것에 비하면 정말 새발에 피밖에 안됩니다. 아니, 뭐 그리 할 일이 많은지 이야기나 한 번 들어봅시다"라고 부장이 일장설교를 했다.

"저도 일요일 근무도 했고, 늦은 시간까지 일을 했습니다. 하지만 이것보다 더 급한 자료도 있고, 고객상담건도 있었고, 나름대로 최선을 다했습니다. 내일까지 자료를 보완해서 다시 작성하도록 하겠습니다. 죄송합니다"라고 갑식이가 약간 불만스러운 어조로 퉁명스럽게 이야기했다. "아니 갑식씨, 뭐 불만 있습니까? 지금 내가 한 말을 제대로 이해하지 못한 것 같은데 말이 나온 김에 조금 더 이야기를 해야겠습니다. 지난번에 기안한 고객불만 처리건도, 고객상담건도 얼마나 부실했습니까? 갑식씨, 도대체 일을 하는 것입니까, 노는 것입니까? 하나를 보면 열을 안다고, 하여튼 맘에 드는 일이라곤 하나도 없어요. 내일까지 당장 다시 하세요"라고 말하고는 자리를 떠나 버렸다.

"난 열심히 했다고. 칭찬하지는 못할 망정 망신만 주다니, 화가 난 갑식이는 내가 앞으로 열심히 하면 성을 바꾸고 만다"라고 불만을 토로하고 있었다.

30분 후 마음이 어느 정도 진정되고 난 후, 부장이 수정 지시한 서류를 보니 답답한 마음이 들었다. 무엇을 수정하라고 했는지 감이 잡히지 않았다. 오로지 기억나는 것은 "하나를 보면 열을 알 수가 있다. 이것을 서류라고 작성했느냐"하는 말 뿐이었다.

이러한 경험은 강도의 차이가 있을 뿐이지 직장생활을 하는 사람이라면 누구라도 한 번 정도는 경험할 수 있는 그런 상황이라고 여겨진다.

만약 여러분이 갑식이나 영업부장의 입장이라면 어떻게 이 문제를 해결하겠는가?

과거형, 현재형, 미래형

사람들이 질책하는 형태를 보면 과거형, 현재형, 미래형으로 크게 나눌 수 있다. '과거형'은 "아이쿠, 이렇게 기초적이고 쉬운 문제를 틀렸어. 전번에도 틀렸는데 또 틀렸어" 하면서 과거의 상황과 현재의 상황을 연관시켜 가면서 구체적으로 잘못된 상황을 낱낱이 파헤치는 형태이다.

'현재형'은 현재상황의 문제를 아주 구체적이고, 나열식으로 하나하나 짚어가면서 질책을 한다. 예를 들어 구성원이 작성한 서류를 검토하면서 "여기가 잘못 되었네, 아니 여기도, 2페이지도 또 틀렸네, 도대체 뭘 한거냐" 하면서 현재 진행중인 서류를 꼼꼼하게 하나하나 사례를 들어가면서 직성이 풀릴 때까지 질책하는 것이 이 유형의 전형이다.

'미래형'은 과거, 현재만 가지고 질책하는 것은 도저히 양이 차지 않아서, 10년 20년 후의 미래모습까지 상상해서 질책하는 유형이다.

"아니, 얘는 왜 이렇게 이해를 못하나? 전번에도 얼마나 설명을 했는데 잊어버렸어? 너 이렇게 하면 나중에 대학은 고사하고, 밥도 제대로 못먹어" 하면서 지금 초등학교 3학년 학생의 10~15년 미래모습을 미래 점치면서 악담을 하는 유형이다.

우리가 몸담고 있는 기업에도 이런 형태의 질책이 난무하고 있다. "갑식씨, 아니 전번에도 고객상담건을 멋대로 이상하게 처리하더니, 또 실수를 해요? 도대체 잘하는 것이라곤 하나도 없으니 그렇게 해서 나중에 제대로 진급하겠어요?"

우리 주변에는, 난무하는 질책 소리에 기가 꺾여 자신감과 의욕을 상실한 수많은 사람들을 찾아 볼 수 있다. 질책은 하나하나 사례를 들어가면서 **조목조목** 아주 상세하게 지적하면서 왜 칭찬은 그렇게 하지 못하는가? 지금부터 질책은 종전의 10분의 1로 줄이고, 반대로 칭찬은 종전보다 구체적으로 10배 이상 해보자. 왜냐하면 이 길이 변신과 혁신을 위해 노력하는 구성원에게 리더가 줄 수 있는 가장 손쉽고도 자본이 들지 않는 방법이기 때문이다.

칭찬은 만병통치약

칭찬, 실로 이것만큼 유용한 것도 세상에 없다. 연애도, 사업도, 예술도, 일도, 모든 미덕도 결국은 아름다운 말을 듣기 위해 존재하는 것이다.

여성는 매일매일 거울을 보고 자신을 확인하면서 살아가고, 남성의 경우에는 자신이 미처 몰랐던 장점을 칭찬받을 때, 더욱 더 열심히 하고자 하는 의욕이 솟구치게 된다.

구성원들을 칭찬해 주고 인정해 주는 것이야 말로 자신감을 갖게 해주고, 나아가 조직내 자기 존재가치를 확인케 하여 자기 확대로 이끌어 준다.

질책을 과거형, 현재형, 미래형으로 조목조목 하듯이 칭찬도 과거형, 현재형, 미래형으로 해야만 한다. "아니, 전번에도 어려운 일을 무난히 처리하더니, 이번에도 아주 멋지게 처리했구만. 다음에도 자네는 멋지게 확실하게 일을 처리할거야, 나는 자네의 능력을 믿네"라고 구체적으로 칭찬을 해주어야만 한다. 혹자는 '칭찬할 것이 있어야 칭찬하지 도대체 맘에 드는 것이라고는 하나도 없다' 라든지, '칭찬을 자주하게 되면 기고만장해져서 하늘 높은 줄 모른다' 등의 이유를 들어 의도적으로 칭찬을 아낀다고 말하는 사람들도 있다.

그러나 해보지도 않고 지레짐작하는 것만큼 어리석고 바보스러운 짓도 없다. 새로운 눈으로 세상을 바라보면, 그전에 보잘것 없었던 사물도 위대하게 보이고 달라 보이는 법이다.

옛날에 음악가가 되는 것이 소원이었던 한 소년이 있었다. 이 소년의 담임선생은 "너는 음악가가 되기에는 소질과 능력이 부족하다. 상처 받기 전에 빨리 꿈을 포기하고, 다른 길을 모색해 보라"고 소년에게 이야기했다.

음악가가 평생의 꿈이었던 소년의 낙담과 실망은 이만저만이 아니었다. 하지만 이 소년의 부모는 달랐다. "애야, 네가 노래하는 것을 들으니 정말 마음이 편안해지는구나, 이 엄마는 믿는다. 너는 꼭 훌륭한 음악가가 되리라는 것을 말이다"라고 어린소년에게 아낌없는 칭찬과 믿음을 심어 주었다.

이 소년이 나중에 세계적인 음악가로 성장하고 난 후 "오늘의 내가 존재할 수있었던 것은, 어린 시절 나의 어머니가 계속적으로 들려준 '너는 할수 있다. 너의 노래는 너무나 훌륭하다' 라는 칭찬때문이었다"고 술회했다.

이처럼 칭찬은 보잘것없는 한 사람을 위대한 음악가로 탈바꿈시킬 만큼 엄청난 위력을 지니고 있다. 칭찬은 돈이 한 푼도 들지 않을 뿐 아니라, 쌍방 모두를 기분좋게 하고 나아가 상호간에 신뢰감을 돈독히 하여 원만한 인간관계를 형성시켜준다.

구성원이 확실하게 무언가를 달성했을 때, 도전의 불꽃을 피우고 있을 때, 또는 어려움에 직면하여 구원의 손길을 기다리고 있을 때, 리더는 구성원에게 다가가서 "자네는 할 수 있어, 자네 이외에는 이 일을 처리할 사람이 없어. 정말 어려운 일을 했구만"이라는 말과 따뜻한 격려의 눈빛을 보내주어야만 한다.

리더가 보여주는 조그만한 칭찬은 금전보다도 10배 100배의 효과와 의욕을 불러일으킨다. 무심코 간과해 버린 칭찬의 위력과 의미에 대해 리더는 다시 한 번 생각해보아야만 할 것이다. 꾸중과 원망의 눈빛, 그 10분의 1만 칭찬에 할애한다면, 이 세상에 안되는 것이 없다.

"칭찬 한 마디만 들었으면…"

"내 상사가 나에게 친절하게 해주었으면…." 그는 나보고 일만 하면 된다고 말한다. 그는 결코 내 상태를 묻지 않는다.

상사는 결코 나에게 미소를 보내는 적이 없다. 잘못이 발생하면 너무 빨리 책망하지만 일을 잘해도 결코 칭찬하는 법은 없다.

내가 뭐 특별한 사람인 줄 아나 봐. 그는 잘못 생각하고 있어. 나는 인간일 뿐이다.

조금이라도 칭찬을 받아 보았으면…. 다른 많은 사람들도 이렇게 생각할 것이다.

질문1 : 최근 1주일간의 행동을 되돌아보고, 얼마나 구성원에게 칭찬의 눈빛을 보내었는지를 생각해 보라.

질문2 : 구성원 한 사람 한 사람을 머리에 떠올려 보라, 그러면 틀림없이 잘하는 하나를 발견하게 될 것이다.
구성원에게 칭찬할 내용을 머리속에 한 번 그려보라.

질문3 : 향후 1주일간의 칭찬계획서를 작성해 보라.

27.보이지 않는 재고

무서운 병, 신음하는 구성원

영업과장 갑식이는 갑자기 변해버린 태식이 때문에 심각한 고민에 빠져 있다. 불과 얼마전까지만 해도 자타가 공인하는 탁월한 능력의 소유자였고 부서내 일에 늘 앞장서는 그런 모범사원이었다.

태식이의 불타는 눈동자, 예리한 눈빛은 초점을 잃어 나사풀린 동태 눈으로 변했고, 항상 유쾌하던 표정은 생기가 없었다. 갑식이는 어느 날 조용히 태식이를 불러 그 이유를 물어보았다. 그러고는 태식이를 이렇게 만든 범인이 바로 자기자신임을 알고는 놀라움을 금할 수 없었다.

"저는 영업부 과장으로 승진한 과장님의 패기,추진력을 익히 들어 잘 알고 있습니다. 전임 과장이 추진력, 패기가 없어서 불만을 가지고 있었습니다 추진력,패기를 겸비한 과장님과 같이 일하게 된 것을 매우 기쁘게 생각했습니다. 처음 얼마간은 저의 이러한 생각이 틀리지 않았다는 것을 확신하고 정말 최선을 다해 노력했습니다. 하지만 최근 보여주신 몇 건의 의사결정은 저의 이런 생각에 대해 심한 회의감을 불러일으켰습니다.

모든 문서의 결재기준과 판단을 오로지, '윗사람이 어떻게 생각할까, 어떻게 하면 좋아할까' 에 맞춰 진행하기가 다반사였습니다.

물론 입장을 이해하지 못하는 것은 아니지만, 제가 기대하는 것은 담당과장의 의견과 의사결정을 원하는 것이지, 윗사람의 취향은 아니었습니다. 진짜 저를 실망시킨 이유는 또 있습니다. 일정이 매우 촉박한 문서 작성을 위해 열심히 토론하여 수정 · 보완한 자료가 단지 이사님 심기가 좋지 않다고 결재를 보류한 점입니다. 이런 이유 때문에 급한 서류가 보류된 적이 너무 많았습니다. 또 급하다고 지시한 서류를 작성하여 제출해도 이틀 사흘 과장님 책상에서 잠자고 있고 그것을 보면 정말 급한 것인지 이해도 되지 않고, 내가 왜 그렇게 머리를 싸매면서 일을 했는지 의구심마저 들 때도 있었습니다. 말씀은 급한데 실제 행동은 그렇지 않은 모습은 정말 저에게 회의감과 실망감을 던져 줄 뿐이었습니다. 지금도 책상 속에 잠자고 있는 서류가 5~6건 정도 있는 것으로 알고 있습니다. 과장님이 보여주시는 확실한 의사결정과 추진력은 구성원들에게 엄청난 힘과 활력소가 되고 있습니다. 잠자고 있는 서류는 저희들 의욕을 꺾어 버리는 무서운 병이라고 생각합니다. 과장님은 마음의 창을 활짝 열어젖히고 구성원들과 늘 가까이 있기를 원하고 칭찬에 인색하지 않은 그런 관리스타일을 가지고 있기 때문에 제가 오늘 이렇게 허심탄회하게 이야기하는 것입니다. 이런 말씀을 드리게 되어 정말 죄송합니다. 다시 열심히 일하도록 노력하겠습니다. 시간이 지나면 해결되겠지요. 심려를 끼쳐서 미안합니다"라는 태식이의 말과 함께 이날의 면담은 끝이 났다. 하지만 갑식이는 "무서운 병, 신음하는 구성원"이라는 말은 잊을 수가 없었다.

예리한 눈, 날카로운 접근

갑식이는 의사결정이 기업경영과 구성원의 태도와 열정에 얼마나 큰 영향을 미치는지를 단적으로 우리에게 제시해주고 있다. 마음의 창을 굳게 닫고 권위주의에 의한 일방적으로 몰아붙이기식 의사결정이야말로 구성원을 병들게 하고, 창의력의 싹을 무참하게 짓밟아 버린다. 의사결정은 구성원을 혁신자로 변화시키느냐 문제아로 전락시키느냐를 좌우할 만큼 엄청난 위력을 지니고 있다.

하지만 의사결정으로 야기되는 문제의 근본원인은 내가 아니라 제도나 절차, 규칙 등 주위 여건에 있다고 믿고 있는 것이 현실인 것 같다. 의사결정의 근원적인 문제는 주위여건이 아니라 리더 자신에게 전적으로 달려 있다. 따라서 효율적인 의사결정을 하기 위해서는 자기변혁의 부단한 노력이 선행되어야만 한다.

자기변혁을 실현하기 위해서는 먼저 고정관념에서 벗어나 급

변하는 환경을 극복할 수 있는 유연한 사고를 가져야만 한다. 그리고 리더 스스로가 인재가 되겠다는 열의와 패기, 행동을 일관성 있게 보여주어야만 하며, 시간관리에 입각한 자기관리, 균형관리 능력을 갖추어야만 한다. 무심코 간과해 버린 보이지 않는 재고인 '의사결정' 재고에 대해 다시 한 번 명확한 이정표를 그리고, 보다 더 나은 나를 탄생시키기 위해 새로운 이정표를 그려야 한다.

〈생각해 봅시다〉

　　재고 관리에는 모든 사람이 예민한 반응을 보이나, 의사결정 재고에 관심을 가지는 사람은 드물다. 왜냐하면 의사결정 지연은 눈에 보이지 않기 때문이다.

· 리더의 가장 중요한 역할 중의 하나는 의사결정이다. 왜냐하면 의사결정은 최후의 선택이기 때문이다.
· 의사결정의 기준은 조직의 공헌도를 생각한 후, 타이밍 및 경영자원을 고려하여 시행하고 최종적으로는 고객만족에 의해 평가받는 것이다.
· 최적의 의사결정기준은 당신이 상대방(구성원)의 입장에서 의사결정을 하는 것이다.
· 구성원의 수용과 지지가 없는 의사결정은 의미가 없으며, 그것은 단지 시간 낭비일 뿐이다.

질문1 : 최근 1주일에 귀하가 내린 의사결정 2~3가지를 생각해 볼때 구성원(고객)에게 만족을 주었다고 생각합니까?
질문2 : 귀하는 평소 '의사결정 재고'를 염두에 두고 업무를 처리하고 계십니까?
질문3 : 지금 귀하의 책상 속에 잠자고 있는 서류는 없습니까?
질문4 : 의사결정의 재고에 대해 생각해 본 적이 있습니까?.

· 관리자가 자기책상 위에 결재서류를 이유없이 쌓아 놓아 의사결정을 지연한다는 것은 공장의 원재료를 이리저리 무질서하게 방치하는 것과 마찬가지이다.

· 기업이윤을 좀먹는 진짜 원흉은 작업지연에 있는 것이 아니라 의사결정의 지연에 있다. 이것도 저것도 아닌 의사결정의 방치야말로 기업이윤을 좀먹는 진짜 원흉이요, 구성원들의 의욕을 꺾어버리는 무서운 병이다.

질문5 : 귀하는 이런 적이 없습니까?

· 우선순위를 선택(결정)하지 않고 여러 가지 일을 동시에 강요한다.

· 실패가 두려워 소극적이 되고 구성원에게 브레이크 작용만 하여 의견교환이나 진취적 조언을 하지 않는다.

· 즉시 처리될 수 있는 서류나 전표를 쌓아 놓거나 의사결정을 이유 없이 미룬다.

· 부하의 의견을 묵살하고 일방적으로 결정한다.

· 내용을 보지도 않고 결재한 후 나중에 모른다고 책임을 회피한다.

28.잊혀져 가는 단어 '실천'

말따로 행동따로 '따로국밥'

경영전략실 부장 갑식이는 사내 모든 사람이 인정하는 전략통이었다.

미국 경영대학원에서 경영전략과 조직관리를 전공한 갑식이는 이 회사 경영자의 간곡한 요청에 따라 작년 '세계화 주식회사' 경영전략실로 스카우트된 전도유망한 엘리트 중의 엘리트였다. 유창한 영어실력, 남다른 통찰력은 주위 사람들로부터 찬사와 부러움, 스포트라이트를 한 몸에 받기에 부족함이 없었다. 그의 손을 거친 경영전략보고서는 완벽 그 자체였다. 대내외 환경분석, 치밀한 경쟁사 동향파악, 향후 동향 등 빈틈없이 입안된 전략과 막힘없이 줄줄 설명하는 해박함은 경영자와 임원들을 감탄시키기에 충분했다.

"자네 같은 사람 한 사람만 더 있어도 두 다리 쭉 뻗고 편안하게 잘 수 있겠다. 자네는 이 회사의 기둥이다. 정말 자네는 회사의 보배요, 미래를 선도할 人材다. 더 이상 무슨말을 하겠나"라는 최고경영자의 찬사와 격려가 그칠 날이 없었다 중요한 모임이나, 회식자리에 경영자는 항상 갑식이를 대동하고 늘 자기 가까이 배석시키는 등 갑식이에게 보이는 관심과 격려는 상상을 초월할 만큼 대단한 것이었다.

경영전략실에 근무하는 부서원들은 물론이고, 사내에서 갑식이를 부러워하지 않는 사람은 한 사람도 없었다.

늘 갑식이의 자리에는 다른 부서장이 발길이 끊이지 않았으며 그와 가까이 하기를 원했다.

하지만 1년이 지나면서 상황은 완전히 역전되었다. 존경과 찬사가 원망과 실망으로 변했다. 전도유망하고 그렇게 창창하던 갑식이가 왜 하루아침에 낙동강 오리알이 되고 말았을까 ? 갑식이는 구성원이 사내 교육에 참석하려고 하면 "아니, 그런 교육 받아서 뭘해, 도대체 연수부서는 뭘 하는거야? 이런 썩어 빠진 것을 교육이라고, 이런 내용이라면 나한테 배워. 1시간만 하면 충분히 내가 교육해 줄 수 있어, 하여튼 가지마. 갈 필요가 전혀 없어"라고 구성원에게 이야기하곤 했다. 한 두 번은 구성원들도 갑식이의 지시를 이의없이 받아들였다. 하지만 타부서가 하고자 하는 모든 일을 너무 하찮게 평가하고 무조건 비판하는 갑식이의 태도가 노골화되면서부터 구성원들도 하나 둘 점점 갑식이로부터 멀어져 가기 시작했다. 내가 최고라고 여기는 갑식이의 태도 때문에 구성원들이 멀어져 간 것이 아니다.

갑식이가 그의 구성원들로부터 신뢰감을 상실하고, 외톨이로 전락하게 된 가장 큰 이유는 그가 1년간 보여준 '말따로 행동따로' 때문이었다. 말대로 행동따로 따로국밥의 한 예를 들어 그가 왜, 어떻게 구성원들에게 신뢰감을 상실했는지 살펴보자.

얼마전 갑식이는 임원회의 브리핑에서 무한경쟁시대에 살아남기 위해서는 구성원 개개인의 능력(ability)이 시급하게 향상되어야 하고, 나아가 각 조직단위간 연계(link)가 절실히 요구된다고 강력하게 주장했다.

이러한 구성원의 능력과 조직상호간의 연결성을 강화하기 위해서, 무엇보다 시급한 것은 구성원에 대한 '의식혁신교육'임을 임원회의 석상에서 열변을 토하면서 강조하고 또 강조했었다.

경영자의 지시로 전사원 교육프로그램이 입안되고 시행되었다. 부서별, 차수별 참가자가 결정되고 전사원의 열의에 힘입어 교육은 성공리에 진행되고 있었다. 단 하나의 부서 갑식이가 부장으로 있는 경영전략실만 제외하고 말이다.

교육의 필요성을 그렇게 강조하던 갑식이가 구성원이 교육에 참가하려고 하면 "내가 다 알아서 할테니까, 참가하지 말고 업무에 전념하라, 신경쓸 필요가 없다. 오로지 일만 해라"고 구성원에게 지시하는 것이었다.

그렇지 않아도 말과 행동이 상충되어 신뢰감에 대해 회의를 품고 있던 구성원들은 "교육필요성을 제기한 사람이 누구인데, 지금와서 그런 말을 하느냐, 능력만 있으면 뭘 하느냐, 사람이 되어야지, 하여튼 믿을 수가 없다. 이런 일이 한 두 번이 아니다"라고 불만을 토로하기 시작했다.

이와 유사한 일이 몇 번 있고 난 후 어제까지 존경을 한 몸에 받던 갑식이는 기피 인물1호로 전락해 버리고 말았다. 하지만 그는 아직까지 모르고 있다. 자기가 왜 구성원들로부터 점점 더 멀어져가고 있는지를. 이런 구성원의 마음을 아는지 모르는지 오늘도 갑식이는 신뢰감이라는 뿌리는 등한시한 채 오로지 빛나는 능력과 해박한 지식만을 갈고 닦을 뿐이다. 자기가 어디에 서 있는지도 모르는 채 말이다.

나는 배우진 못했지만

초등학교 문턱에도 못간 한 할아버지가 있었다. 이 할아버지는 "낫 놓고 기역자도 모른다"는 속담처럼 정말 배우지 못한 일자무식 할아버지이다. 배우지 못한 것이 사무쳐 평생 가슴에 한이 맺힌 할아버지는 자식에게 만큼은 배우지 못한 서러움을 물려주지 않기 위해 먹을 것 제대로 먹지 않고 입을 것도 제대로 입지 않고 오로지 자식의 뒷바리지에 인생 모든 것을 걸었다. 이런 부모의 마음과 노력에 보답이라도 하듯이, 자식은 유명 인사가 되었다.

이 할아버지의 평생소원이 이루어진 것이다. 지나간 젊은 시절 오로지 자식만을 위해 달려온 세월이 주마등처럼 스쳐 지나간다. 그리고 스스로에게 말한다 "나는 헛살지 않았노라"고. 하지만 자식의 태도와 행동은 소박한 할아버지의 마음과 뿌듯함을 여지없이 산산조각내 버렸다.

집안 어른 알기를 우습게 알고, 무엇이든지 자기만 항상 옳았다. 어떤 일에 반대하게 되면 "도대체 무엇을 얼마나 안다고 그런 말을 하느냐, 모르면 가만히 좀 있어라"고 친척들에게 무안을 주기가 일쑤였다.

이 정도면 정말 다행이다. 할아버지가 걱정하는 것은 말이 행동보다 항상 앞서고 결정된 사항을 좀처럼 행동으로 실천하지 않는 점이었다. "그런 것은 걱정하지 마세요. 제가 금방 알아서 처리할테니까, 저에게 맡겨주세요. 제가 하는 말대로 하면 문제없습니다. 이틀 안으로 꼭 처리하겠습니다"라고 늘 자신만만하게 이야기했다. 행동으로 실천하기만 하면 문제가 없겠지만, 돌아서면 집안 친척 모임에서 결정된 사항을 백지화시켜 버린다든지, 잊어버리기가 일쑤이다. 그것도 자신만만하게 자기 입으로 직접 이야기한 것을 말이다. 어느날 이 할아버지는 자식을 불러 조용히 이야기를 시작했다. "나는 배우지 못했다. 하지만 분명하게 알고 있는 것은 '배운다, 알고 있다'의 참된 의미는 단순하게 많이 아는 것을 의미하는 것이 아니라, 실천하는 것이라는 점이다. 실천하지 않는 지식은 참다운 지식이 아니다. 그것은 오히려 모르는 것보다 훨씬 못하다. 내가 너를 잘못 키운 것 같다. 내가 너에게 바라는 것은 언행일치이지, 유창한 말솜씨나 지식을 자랑하는 것은 아니다.

너에게 일찍 지식의 참된 의미를 가르치지 못한 내가 원망스럽다. 지식이 중요한 것이 아니라, 사물을 판단하고 실천할 수 있는 지혜를 너에게 가르치지 못한 내자신이 정말 원망스럽다." 아들은 부끄럽고 죄송한 마음이 들어 고개를 들지 못하고 아무

말도 하지 못했다. 하지만 분명히 또렷하게 다가오는 한 마디는 잊어버릴 수가 없었다. "나는 배우지 못했다. 하지만 분명히 알고 사실은, 알고 있는 것을 실천할 때 참다운 지식인이라고 말할 수 있고 남을 이끌 수 있다"는 말이었다.

쉽고도 어려운 실천

신뢰를 돈독하게 해주는 가장 확실한 길이 있다면 그것은 자신이 말한 대로 실천하는 모습을 일관성있게 지속적으로 구성원에게 보여주는 것이다.

신뢰는 언행일치로부터 나온다. 구성원들은 리더의 말을 경청하고 행동을 주시한다. 그리고는 이 둘이 일치하는지를 살펴본다. 이둘이 일치할 때 비로소 "믿을만 하다"라는 평가를 내린다.

기업이 만든 상품의 질(quality)을 고객이 가장 잘 알고 있듯이, 리더의 인품과 신뢰감은 리더의 가장 중요한 고객인 구성원이 가장 잘 알고 있다. 따라서 리더는 자신이 한 약속을 충실히 이행해야겠지만 그보다 먼저 리더가 한 말이 구성원들이 믿고 있는 사실과 일치해야 한다. 리더가 한번도 가보지 않은 세계로 구성원들을 인도하기 위해서는 그들 모두가 같은 길을 걷고 있어야 하며, 또한 구성원의 자발적인 참여를 얻기 위해서는 리더와 구성원의 목적과 열망이 똑같아야 한다.

'언행일치'는 그리 쉬운 일이 아니다. 이는 부단한 자기혁신이 선행되어야만 한다. 이 세상에서 가장 쉽고도 어려운 혁신이 바로 자기혁신이 아닌가 여겨진다. 나로부터 시작하는 자기혁신은 자기자신에 충실하고 자기와의 약속을 충실히 지키겠다는 강한 집념과 의욕이 선행될 때만이 가능하다. 이 세상에서 가장 쉽고도 어려운 것이 바로 자기혁신이다. 왜냐하면 자기와의 약속을 위반해도 이를 구속하거나 제재를 가할 사람이 아무도 없기 때문이다. 자신의 현실을 되돌아보자. 스스로 한 말을 얼마나 잘 실천하고 있는가? 회사가 하고자 하는 가장 기초적인 준수사항을 정말로 리더가 앞장서서 행동으로 실천하고 있는가? 1주일간 리더 자신이 하겠다고 천명한 말들을 되새겨보고 얼마나 실천했는지를 자율적으로 점검해보라. 또 회사나 구성원과 합의된 사항을 얼마나 솔선수범하여 실천했는가를 되새겨보라.

진정 이 어려운 시기를 슬기롭게 헤쳐나가기 위해서는, 말따로 행동따로 따로국밥 형태의 리더가 아니라, 미래를 향해 한 걸음 한 걸음 조용히 전진해 나가는 그런 실천가가 되어야만 한다. 멋진 계획서, 화려한 구호보다 묵묵히 보여주는 조그만한 실천이 그 어느 때보다 절실히 요구되는 시점이다. 진정 구성원들이 창의와 열의를 갖고 일하게 하려면 그것은 필수적이다.

질문1 : 최근 1주일간의 업무일지나 행적을 분석해 보라, 그리고 하고자 한 사항을 얼마나 실천했는가를 구체적으로 점검해 보라.

질문2 : 귀하는 구성원들로부터 사내평론가로 불리는가, 실천가로 평가 받고 있는가?

리더는 종합예술가

　기업이라는 연극무대를 연출하는 사람은 다름 아닌 리더이다. 연출가인 리더가 출연배우인 구성원에게 정확한 방향과 동기부여를 제시해 주지 못할 때 관객, 고객은 연극을 혹평하고 다시는 관람하지 않을 것이다. 종합예술가인 리더는 연극의 이해관계자 집단 - 관객, 출연배우 등 - 의 관심사를 잘 반영하여 훌륭한 각본과 시나리오를 구성하고 전원을 한 방향으로 이끌어 나가야만 한다. 관객이 무시하는 연극이 빛을 발휘할 수 없듯이 고객을 만족시키지 못하는 기업은 존속할 가치와 의미가 없는 것이다. 기업경영은 연습이 아니다. 지금 우리 앞에 펼쳐지고 있는 무한경쟁시대에 훌륭한 작품을 선보이기 위해서는 리더인 당신이 먼저 실력과 경험을 축적하여 구성원에게 신뢰감을 보여주고 동기부여와 격려, 관심, 그리고 지원을 통해 구성원을 '변신자' 로 안내해야만 한다.

　조직구성원 전원이 열정과 창의성을 겸비한 인재가 되는 길만이 이 시대를 슬기롭게 헤쳐나갈 수 있는 유일한 길이다. 변화의 선봉장, 인재양성의 안내자인 리더가 어떤 역할을 수행하느냐에 따라 조직의 운명이 결정되는 것이다. 내가 변하면 세계가 변하는 것이다. 진정 구성원을 아끼고 더불어 발전하기 위해서는 나부터, 지금당장 변화해야만 한다.

　경기의 구경꾼인 아닌, 경기에 참가하는 선수의 마음가짐과 자세로 치열한 이 경쟁세계에서 승리자가 되어야 하지 않겠는가? 변화의 선봉장, 혁신의 촉진자 리더, 이 리더의 이름이 그

어느 때보다 절실히 빛나보이는 이유는 리더의 한 손에 구성원
과 조직의 운명이 결정되기 때문이 아닐까?

참고문헌

1. Dr.D.H (DEE) Groberg, *Sources of Leadership Success Lessons from a Peach tree*, Covey Leadership Center.
2. F. Shipper C.C Manz, Employee Self-Management withot Formally Designated, Team: An Alternative Road to Empowerment, *Organizational Dynamics*, Winter 1992.
3. "The Competitive - *A Harvard Business Review*, Advantage of Nations", 1991.
4. "The Knowledge, *A Harvard Business Review*, Creating Company", 1991.
5. "The New Productivity, *A Harvard Business Review*, Challenge", 1991.
6. "Corporate Imagination, *A Harvard Business Review*, and Expeditionary Marketing", 1991.
7. "The New Society of *A Harvard Business Review*, Organizations",1992.
8. Drucker. P. F, Managing for the future, 고병국 역, 「미래기업」 한국경제신문사, 1992.
9. Alvin,Toffler 「적응기업」 한국경제신문사, 1989.
10. 유광필 역,「드러커교수의 경영명언」 매일경제신문사,

1991.

11. 조영호 역, 「액설런트 리더십」. 21세기 북스사, 1993.

12. 강의향·최지현 역, 「크레더 빌러터」(제임스쿠즈, 베리포스너), 다운도서출판, 1994.

13. 아나 야스오(이경인 역), 「성공을 위한 9가지 습관」, 삼성서적, 1995.

14. 사라이 기요시(한국능률협회 역), 「이런 사람이 일을 잘한다」, 한국능률협회, 1991.

15. 사무엘 스마일즈(박달규 역), 「인생을 최고로 사는 지혜」, 한국산업훈련연구소, 1989.

16. 사무엘 스마일즈(박달규 역), 「자기완성의 인생론」, 한국산업훈련연구소, 1989.

17. 오정우, 「전원인재경영」, 21세기 북스사, 1994.

18. 도비오케著, 「동물에게서 배우는 30가지 발상」, 1982.

19. 포올 J.마이저, 「MOTIVATION」, 1979.

20. 김형섭 역, 「21세기가 요구하는 성공인의 조건」, 국제문화출판사, 1984.

21. 박일봉 역, 「명심보감」, 육문사, 1990.

22. 유성은 역, 「기업경영은 사람경영이다」, 생활지혜사, 1993

23. 조 순, "향후역사의 조류에 적응하기 위해서 지력이 아쉽다", 현대경영, 92.7.

24. "90년대의 테마", 현대경영, 92.5.

25. 정일재, "세계화원년", LG 주간경제, 95.1.

26. 김영민, "세계화 장기구상의 실체", LG 주간경제, 94.12.

27. 조영호, "어떻게 자기일에 열정을 갖게 할 것인가", 인사관리, 93.11.
28. 장을병, "시대변화에 대한 적응력을", 인사관리, 95.3.
29. 홍일식, "도덕성 높아야 생산성 높다", 조선일보, 95. 1.
30. 이순목, "세계와의 경쟁", 조선일보, 95.4.
31. 손종국, "전공과 성공", 조선일보, 95.4.